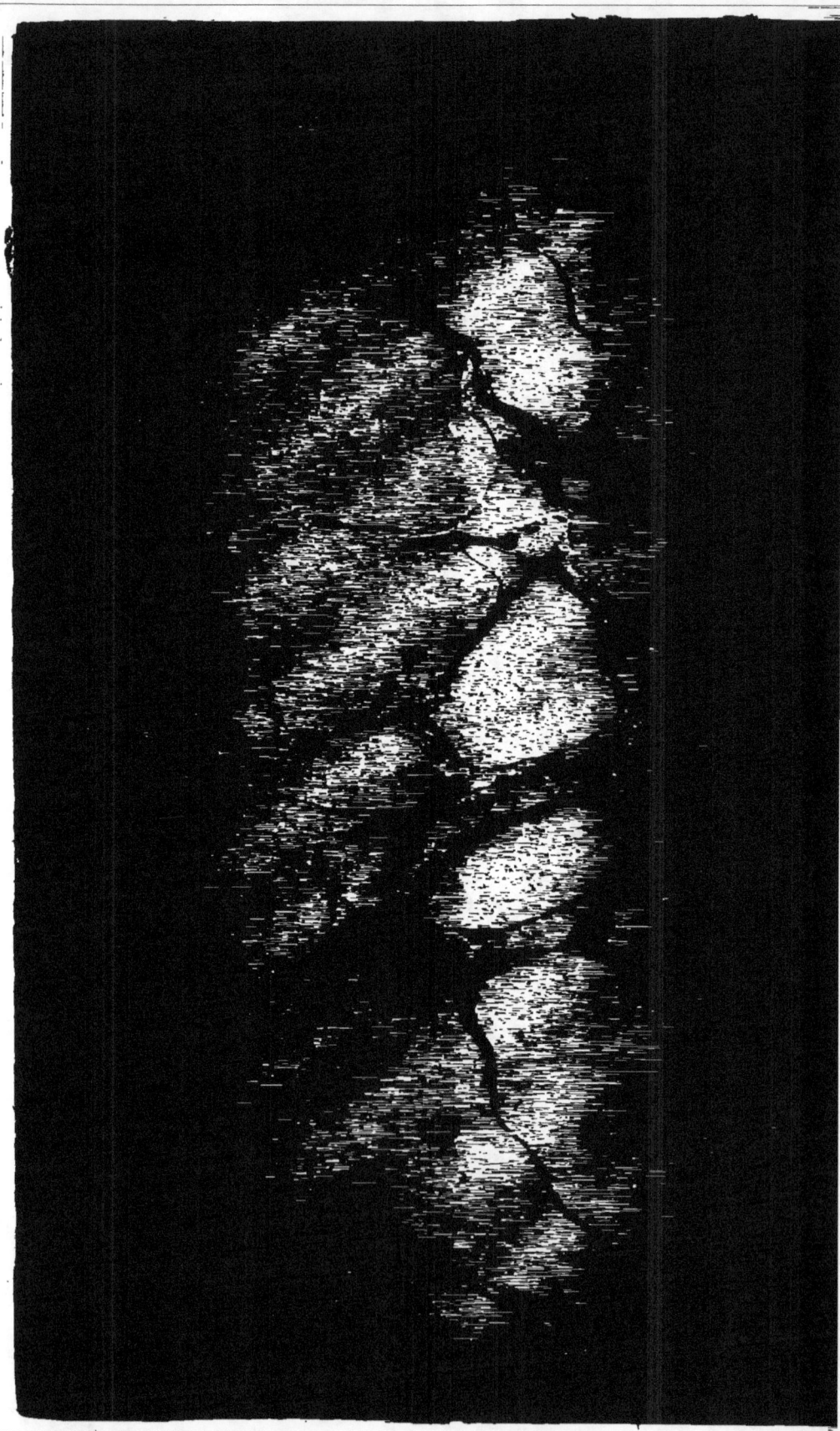

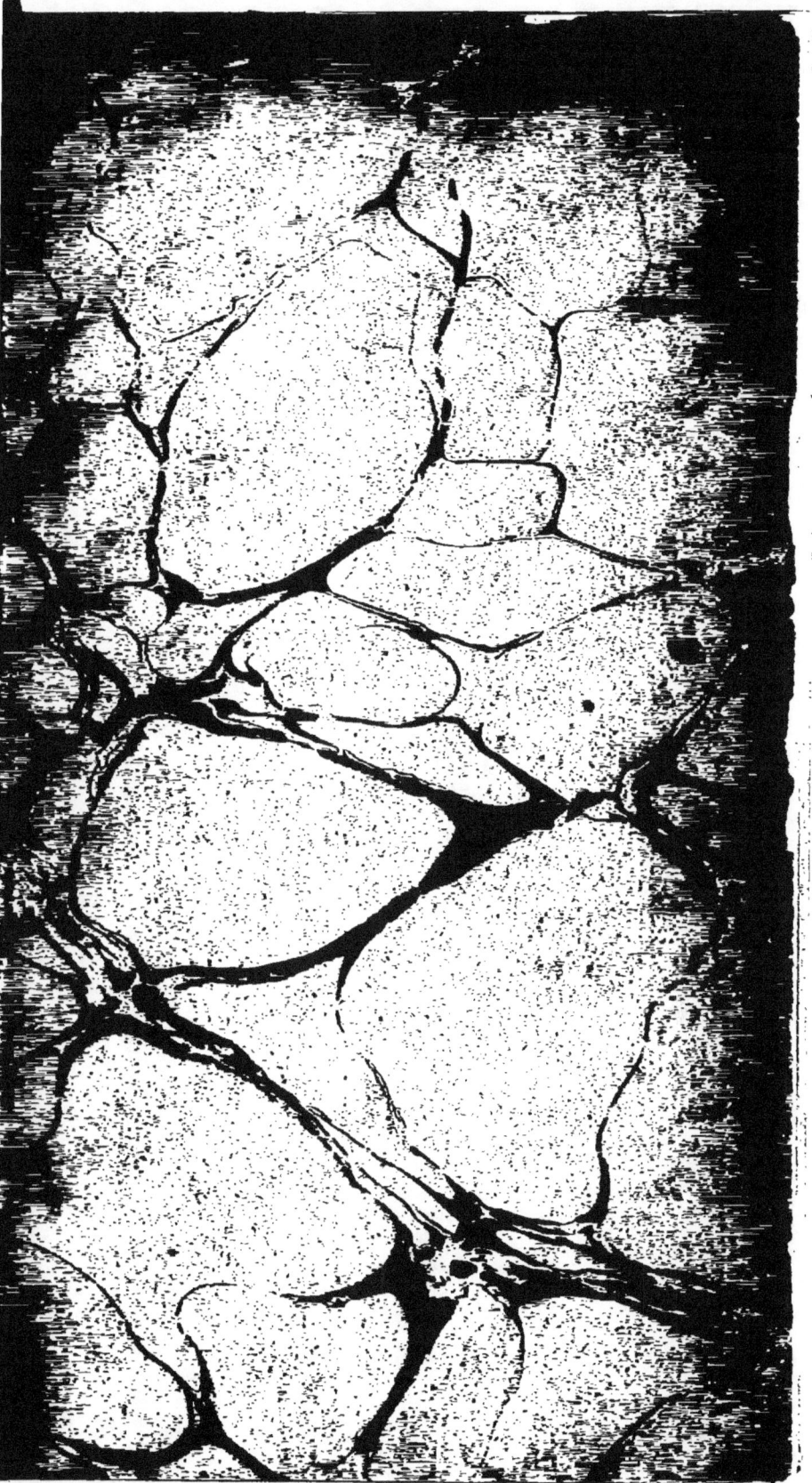

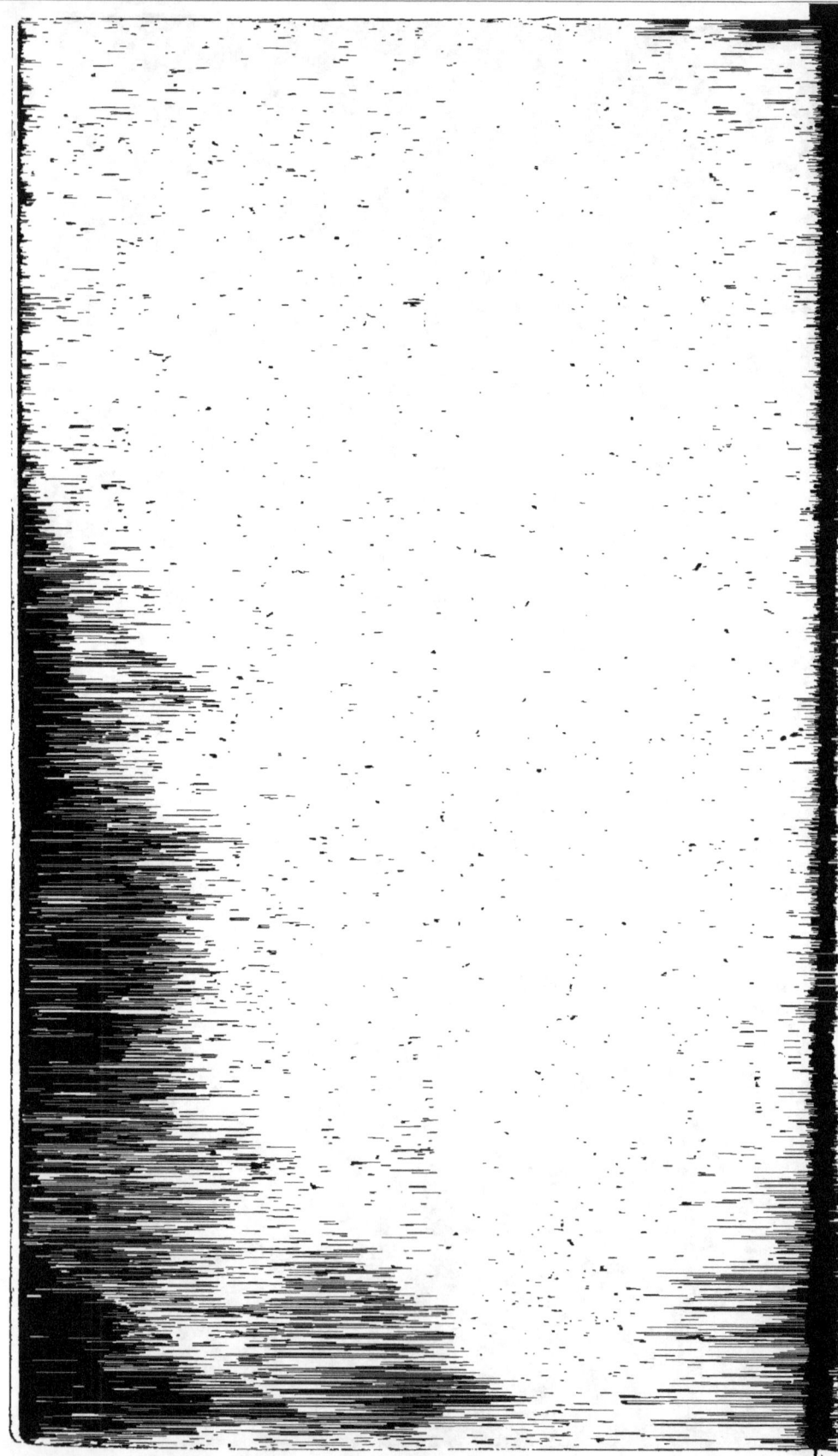

EXPOSITION

DE 1791

—

XXXVI

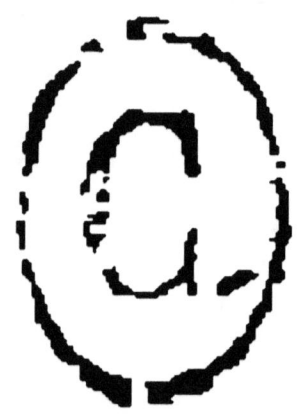

COLLECTION

DES

LIVRETS

DES

ANCIENNES EXPOSITIONS

DEPUIS 1673 JUSQU'EN 1800

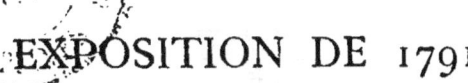

EXPOSITION DE 1791

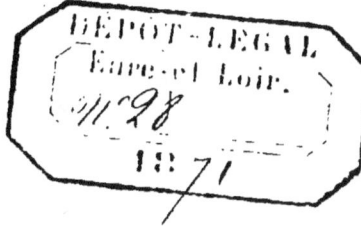

PARIS

LIEPMANNSSOHN, ÉDITEUR

11, rue des Saints-Pères

AOUT 1870

1871

NOMBRE DU TIRAGE

DU LIVRET DE 1791.

375 exemplaires sur papier vergé.
 25   —   sur papier de Hollande.
 10   —   sur chine.

N°

Ce livret est vendu seul 3 fr.

NOTICE BIBLIOGRAPHIQUE.

LIVRET :

Une seule édition de 72 p. et 794 n°'. Le livret n'a réellement que 58 p. A la p. 59 commence la liste des noms par ordre alphabétique et des demeures des artistes qui ont pris part à l'exposition.

CRITIQUES :

Journal de Paris : Lettres de l'Inconstant sur les tableaux exposés au Salon : 27 Septembre.

Sallon de Peinture. S. l. 1791, in-8, 24 p.

Essai sur la méthode à employer pour juger les ouvrages des beaux arts du dessin, et principalement ceux qui sont exposés au Salon du Louvre, par une société d'artistes. Introduction. A Paris, se vend chez Bignon, et à l'impr. du Cercle social. 1790, in-8°, 12 p.

Lettres analitiques, critiques et philosophiques sur les tableaux du Sallon. A Paris, l'an troisième de la Liberté. 1791, in-8, 82 p. (12 lettres.)

(M. Chéry, peintre). Explication et critique impartiale de toutes les Peintures, Sculptures, Gravures, Dessins, etc., exposés au Louvre d'après le décret de l'Assemblée Nationale du mois de Septembre 1791, l'an III₍ de la liberté, par M. D... citoyen patriote et véridique. A Paris, rue et hôtel du Croissant. 1791, in 8, 45 p. et suite de l'explication, 24 p. Cette critique paraît avoir eu plusieurs éditions.

(Nau-Deville). Lettre à Messieurs de l'académie de peinture, sculpture et gravure, sur l'exposition des Tableaux au Salon du Louvre. 1791. S. lieu, in-8 de 8 p. signée Nau-Deville, de la section du Louvre. Paris, 4 août 1791. A Paris, de l'imp. de N. H. Nyon.

Pithon. — Le plaisir prolongé, le retour du sallon chez soi, et celui de l'abeille dans sa ruche. Paris, 1791, in 8.

La Béquille de Voltaire au Salon. Première promenade contenant par ordre de numeros l'explication et la critique de *tous* les ouvrages de Peinture, Sculpture et Architecture, Gravures, Dessins, Modèles, et exposés au Louvre en Septembre 1791. « Sifflez-moi bien, je vous le rends, mes frères. Volt. » A Paris, sous le vestibule de la Cour du Salon, au Palais-Royal, et chez les marchands de Nouveautés, l'an III₍ de la liberté. In-8° de IV p. non chiff. et 60 p. — Seconde et dernière promenade contenant... etc., et même de ceux sans numéro qui ne sont pas dans le catalogue parce qu'ils ont été apportés depuis l'ouverture. *Castigat ridendo*, à Paris, l'an troisième de la liberté. In-8° de IV p. non chiff. et 44 p.

OUVRAGES

DE

PEINTURE, SCULPTURE,

ET ARCHITECTURE,

GRAVURES, DESSINS,

MODELES, &c.

EXPOSÉS AU LOUVRE,

PAR ORDRE

DE L'ASSEMBLÉE NATIONALE,

Au mois de Septembre 1791,

L'AN IIIe DE LA LIBERTÉ.

A PARIS,
DE L'IMPRIMERIE DES BATIMENS DU ROI.

Prix : 12 fols.

Les Arts reçoivent un grand bienfait; l'empire de la Liberté s'étend enfin fur eux; elle brife leurs chaînes; le génie n'eft plus condamné à l'obfcurité.

Pour que *les feules & véritables diftinctions naiffent des vertus & des talens*, il ne faut que les montrer à fes Concitoyens.

Les événemens ont retardé, pendant deux mois, l'efpoir que les Artiftes avoient conçu de la juftice de l'Affemblée Nationale; il leur a fuffi de lui préfenter un vœu conforme à l'équité, & l'équité a dicté le Décret fuivant.

Du 21 Août 1791.

L'Affemblée Nationale, après avoir entendu le rapport des Comités de Conftitution & des Domaines,

Confidérant que, par la Conftitution décrétée, il n'y a plus pour aucune partie de la Nation, ni pour aucun individu, aucun privilége ni exception aux droits communs de tous les François; qu'il n'y a plus ni Jurande, ni corporation de Profeffions, Arts & Métiers; & fe conformant aux difpofitions du Décret du vingt-fix du mois dernier, qui confacre le Louvre à la réunion des monumens des Sciences & des Arts,

Décrète provifoirement, & en attendant qu'il foit ftatué fur les divers établiffemens de l'Inftruction & de l'Education publique, ce qui fuit:

ARTICLE Ier. Tous les Artiftes François ou Etrangers, Membres ou non de l'Académie de Peinture & de Sculpture, feront également admis à expofer leurs Ouvrages dans la partie du Louvre deftinée à cet objet.

II. L'expofition ne commencera cette année que le huit Septembre.

III. Le Directoire du Département de Paris fera diriger & furveiller, fous les ordres du Miniftre de l'Intérieur, ladite expofition, quant à l'ordre, au refpect dû aux Loix & aux mœurs, & quant à l'emplacement qui pourra être néceffaire.

EXPLICATION

Des Peintures, Sculpture & Architecture, Gravures, Deſſins, Modèles, &c. pour l'année 1791, troiſième de la Liberté.

Pour la commodité du Public, on a diſpoſé les Ouvrages par ordre numérique, ainſi qu'ils ſont énoncés dans ce Livre.

Le numéro premier est au-deſſus de la porte d'entrée.

Les autres numéros ſe trouvent en ſuivant le Sallon & la galerie à droite; retour de la galerie dans le Sallon à droite jusqu'au dernier numéro près la porte d'entrée.

En descendant de l'eſcalier dans la cour, on ſuivra la gauche juſqu'à la porte de ſortie, pour les morceaux de Sculpture.

S'il ſe trouve quelques Ouvrages ſans numéro, c'eſt que les Artiſtes les auront envoyés trop tard pour être compris dans ce Livre.

Notes des Abréviations.

Ac.	Académicien.
Ag.	Agréé.
Peint.	Peintre.
Sculp.	Sculpteur.
Arch.	Architecte.
Grav.	Graveur.

A la fin du Livre ſe trouveront les noms par lettres alphabétiques & les demeures des Artiſles avec les numéros de leurs Ouvrages.

N° 1. Alcibiade accufé par Trafibule, & banni pour la feconde fois d'Athènes, fe refugie en Phrygie, dans la maifon d'une femme, nommée Timandre; les Frères de cette Femme mettent le feu à fa maifon pour obliger Alcibiade d'en fortir; il fort en effet l'épée à la main, & fon manteau fur le bras gauche; il meurt percé de toutes parts des traits que ces lâches lui lancent en fuyant. Par M. *Chéry*.

2. Portrait en pied de M. de Beaüfremont. Par Mme *Guyard*, Ac. Tableau de 7 pieds fur 5.

3. Cléopâtre, feignant de céder le trône à Antiochus, fon fils, & de lui donner Rodogune pour époufe, lui préfente la coupe nuptiale empoifonnée; fur le point de voir fon crime découvert, elle boit elle-même, & donne la coupe à fon fils, mais le poifon agit fur Cléopâtre, Rodogune s'en apperçoit, arrête Antiochus, & s'écrie :

..... Seigneur! Voyez ces yeux. *Corn: Act. IV.*

Tableau de 5 pieds 6 pouces, fur 6 pieds 8 pouces. Par M. *Taillaffon*, Ac.

4. Portrait d'Enfant jouant avec des cartes. Par M. *Vincent*, Ac.

5. Intérieur d'une Eglife gothique. Par M. *de la Fontaine*, Ag.

6. Portrait d'Enfant. Par M. *Monfiau*, Ac.

7. Vue de la Grèce, avec des jeunes filles qui facrifient leurs cheveux à Diane au bord d'un fleuve. Par M. *Valenciennes*, Ac.

8. Vue de la Forêt de Fontainebleau, plufieurs figures & animaux près d'une fontaine. Par M. *le Gillon*, Ac.

9. Un Aveugle demandant l'aumône à deux perroquets. Par M. *Robert*, Ac.
10. Portrait ovale de M. Duport, Député à l'Affemblée Nationale. Par Madame *Guyard*, Ac.
11. Un Payfage, vue d'Italie avec des Baigneufes. Par M. *Valenciennes*, Ac.
12. Intérieur d'une Ferme avec plufieurs Animaux. Par M. *le Gillon*, Ac.
13. Ulyffe de retour dans fon Palais, après avoir tué les Amans de Péneloppe, ordonne aux Femmes de fa fuite d'emporter leurs corps. Par M. *Monfiau*, Ac.
14. Sapho ne pouvant fe faire aimer du jeune Phaon fe précipite du rocher de Leucate dans la mer. Tableau de 7 pieds fur 6 pieds. Par M. *Taillaffon*, Ac.
15. Saint-Louis rendant la juftice dans le bois de Vincennes. Tableau de 17 pieds fur 12. Par M. *Robin*, Ag.
16. Portrait de Mlle d'Orléans, prenant une leçon de Harpe, de 8 pieds 8 pouces, fur 6 pieds 9 pouces. Par M. *Girouft*, Ac.
17. Ulyffe, dans l'Île de Phéacins, venant fe jetter aux pieds d'Alfinoüs & d'Areté fa femme, par le confeil de Nauficaa, leur fille, afin d'en obtenir des fecours pour retourner dans fa Patrie. Par M. *la Grenée le jeune*, Ac.
18. Un Peintre à fon chevalet, peignant un Payfage. Par M. *Danloux*.
19. Une petite Marine. Par M. *Swagers*.
20. Un petit Payfage, vue d'Italie. Par M. *Valenciennes*, Ag.

21. Un Oifeau mort, fculpté en bois. M. *Montreuil.*
22. *Idem*, comme le n° 20.
23. Une petite Marine. Par M. *Sarrazin.*
24. Un Peintre de Payfage. Par M. *Danloux.*
25. Une petite Marine. Par M. *Swagers.*
26. Un petit bas-relief imitant le bronze. Par M. *Sauvage*, Ac.
27. Maffacre des Innocens. Par M. *Parfeval.*
28. Scène familière. Par M. *Sablet.*
29. La mort de Getta dans les bras de fa mere, par ordre de Caracalla fon frere. Par M. *Pajou le fils.*
30. Un Payfage. Par M. *Efchard*, Ag.
31. Un Portrait de Femme. Par M. *Veftier*, Ac.
32. Payfage, dont les figures repréfentent la mort d'Hippolyte. Tableau de 7 pieds 9 pouces, fur 10 pieds 10 pouces. Par M. *Beguyer-Chancourtois.*
33. Le jeune Pyrrhus à la Cour de Glaucias, Roi d'Illyrie. Par M. *Vignialis.*
34. Portrait de M. Roberfpierre, Député à l'Affemblée Nationale. Par Mme *Guyard*, Ac.
35. Payfage. Par M. *Bruandet.*
36. Un petit Bas-relief imitant le bronze. Par M. *Sauvage*, Ac.
37. Des jeunes Filles apportant des offrandes à Venus, & l'Amour porté par les Graces. Par M. *Robert-Lefevre.*
38. Payfage repréfentant une vue de Colonne, le Temple des Euménides fur le mont Cythéron, & Œdipe & fa fille Antigone, implorant les Coloniates qui veulent le chaffer de ce lieu facré. Par M. *Valenciennes*, Ac.

39. Tableau repréfentant les Jeux Olympiques. Par M. *de Saint-Ours.*
40. Portrait de M. de Beauharnois, Député à l'Affemblée Nationale. Par Mme *Guyard*, Ac.
41. Scène familière. Par M. *Danloux.*
42. Payfage dans lequel on voit Uliffe, implorant l'affiftance de Nauzicaa, fille d'Alcinoüs. Par M. *Valenciennes*, Ac.
43. Lycurgue préfente fon Neveu aux Spartiates, en leur difant : Seigneurs Spartiates ! Voici votre Roi qui vient de naître. Par M. *le Barbier l'ainé*, Ac.
44. Portrait de M. ***. Par M. *François.*
45. Payfage avec figures & animaux. Par M. *Saint-Martin.*
46. Defcente de faint Louis, au port de Tunis. Tableau, 9 pieds fur 6. Par M. *Reflout.*
47. Portrait ovale. Le Silence. Par M. *Ducreux.*
48. Portrait de M. Thenon, de l'Académie des Sciences. Par M. *Reflout.*
49. Portrait de M. de la Motte, Docteur en Médecine. Par M. *Voiriot*, Ac.
50. Une Vue de Marfeille. Joûte & Fête fur l'eau. Par M. *Efchard*, Ag.
51. Vénus embraffant l'Amour. Par M. *Robert Lefevre.*
52. Combat d'Enfans, imitant le bas-relief. Par M. *Sauvage*, Ac.
53. Vénus enlevant les armes de l'Amour. Par M. *Robert Lefevre.*
54. Portraits de Famille. Par M. *Laneuville.*
55. Un Lavoir public, près du Mont-Caffin. Par M. *Robert*, Ac.
56. Caïn, après la mort d'Abel. Par M. **Châtelain.**

57. L'Ange Raphaël difparoiffant aux yeux de Tobie & de fa Famille. Par M. *Suvée*, Ac. Tableau ordonné pour le Roi.
58. Théfée, en préfence de fa Mere & de fon Grand-Pere, levant la pierre fous laquelle étoient l'épée & les brodequins de fon Pere. Par M. *Deforia*.
59. Payfage. Par M. *Bidault*.
60. Vue d'Italie. Par M. *Taunay*, Ag.
61. Grappe de Raifin, peinte fur marbre blanc. Par M. *G. Van-Spaendonck*, Ac.
62. Payfage. Par M. *Moreau l'ainé*.
63. Defcente de Croix. Efquiffe. Par M. *Landon*.
64. Intérieur d'Eglife. Par M. *Lafontaine*.
65. Tabagie. Par M. *Farné*.
66. *Idem*, N° 64.
67. Liberté rendue aux Ordres Monaftiques. Par M. *Defrance*.
68. Le Portrait de M. *Roflin*, peint par lui-même. Ac.
69. M. Sarette, Commandant de la Mufique de la Garde Nationale. Par M. *Veftier*, Ac.
70. La Sainte Famille en Egypte, au milieu des ruines de l'idolâtrie. Tableau de 12 pieds de haut fur 7 de large. Par M. *Berthellemy*, Ac.
71. Mort d'Abel, Figure d'Etude, de grandeur naturelle. Par M. *Fabre*.
72. Portrait d'une jeune Perfonne. Par M. *Fournier*.
73. Payfage dans le ftyle grec. Par M. *Bourgeois*.
74. Tableau de Fleurs. Par M. *Van Spaendonck*, Ac.
75. Enée invoquant les Dieux pour venger la mort de Pallas, fon ami. Efquiffe. Par M. *Chevreux*.
76. Tête de Vieillard, Portrait du Pere de l'Auteur. Par M. *Petit*.

77. Vue avec des Fabriques antiques. Par M. *Bougeay.*
78. Perdrix morte. Par M. *Hollain.*
79. La Cananéenne, petit Tableau. Par M. *Taunay,* Ag.
80. Portrait en petit de M. l'Abbé Maury, Député à l'Affemblée Nationale. Par M. *Bernard Dagefcy.*
81. Portrait en paftel de M. Talleyrand-Périgord, Député à l'Affemblée Nationale. Par Mme *Guyard,* Ac.
82. M. Goffec, Lieutenant, Maître de la Mufique de la Garde Nationale Parifienne. Par M. *Veftier,* Ac.

Entrée de la Galerie, à droite,

83. Tempête, Naufrage. Par M. *Wallin.*
84. Vue du Fanal de Gênes, & une partie de fon Port. Par M. *Genillon.*
85. Diogène. Par M. *Balthafard.*
86. Portrait d'une jeune Dame. Par Mlle *Delorme:*
87. Vue de Rivière. Payfage orné de figures & d'animaux. Par M. *Denys.*
88. Portrait d'une jeune Perfonne. Par M. *François.*
89. Payfage orné de figures & d'animaux. Par M. *Boquet.*
90. Le Satyre & le Paffant. Par Mad. *Gault de Saint-Germain.*
91. Payfage. Chûte d'eau. Par M. *Brochat.*
92. Portrait d'une Dame. Par M. *François.*
93. Saint Labre. Par M. *Deforia.*
94. Artemife. Par Mlle *de la Ville* (cadette).
95. Naufrage. Par M. *Cafin.*

96. Vue du Temple de la Sybille Tyburtine, & de la Cafcade de Tivoli, à Rome, au clair de la lune. Par M. *Genillon*.

97. Fable du Loup & du Cheval, peint à l'encauftique. Par M. *Bachelier*, Ac.

98. Emblême du Silence. Alexandre mettant fon cachet fur la bouche d'Epheftion. Par M. *Gauffier*.

99. Petit Tableau repréfentant des Œufs dans un panier, &c. Par M. *Berjon*.

100. Une jeune Dame au Claveffin. Par Mlle *Le Roi*, de Verfailles.

101. Portrait d'un Garde National. Par *Cheuvreux*.

102. Chrift. Par M. *Mauperrin*.

103. Un Père, près du tombeau de fes Enfans, montre à fon Fils l'urne qui contient les cendres de fa Mère. Par M. *Bertrand*.

104. Trois Efquiffes. Sujet en tête. Par M. *Balthafard*.

105. Payfage avec figures & animaux. Par M. *Vander*.

106. Grenadier National. Par M. *Taré*.

107. Quatre Gouaches, fous le même n°. Par M. *Genillon*.

108. Une jeune Perfonne en Bacchante. Par M. *Robert Lefebvre*.

108 *bis*. Sufanne. Par M. *Jollain*, Ac.

109. Portrait de M. Delatude. Par M. *Veftier*, Ac.

110. Payfage. Rivière, vue du Pont. Par M. *Bogel*.

111. Charité Romaine. Par M. *Gerard*.

112. Jeune Fille tenant des fleurs. Par M. *Roflin*, Ac.

113. Quatre Têtes d'étude, fous le même n°. Par M. *Hollain*.

114. Deux ovales, en paftels, fous le même n°. Par Mad. *La Perche*.

115. Portrait, en pied, d'un jeune Prince Indien. Par M. *Mauperrin*.
116. Portrait de M. Mentelle, peint en paſtel. Par M. *Dumont*, Ac.
117. Jeune Demoiſelle. Portrait. Par Mlle *Ducreux*.
118. Mort d'Alceſte. Par M. *Peyron*, Ac.
119. Pêches & Raiſins. Petit Tableau. Par M. *Berjon*.
120. M. Necker, Portrait en émail, juſqu'aux genoux. Par Mad. *Cadet*.
121. Payſage. Chûte d'eau. Par M. *Bidault*.
122. Une jeune Femme à ſon chevalet. Par M. *Parſeval*.
123. Portrait ovale de Femme. Par Mad. *La Perche*.
124. Payſage orné de figures & d'animaux. Par M. *Saint-Martin*.
125. Portrait ovale d'une jeune Dame. Par M. *Fournier*.
126. Payſage à gouache. Par M. *Mongin*.
127. Le Philoſophe & la Laitière. Par M. *Petit-Coupray*.
128. Une jeune Fille faiſant une offrande au Dieu Pan. Par M. *Chaiſe*, Ag.
129. Portrait d'Homme. Par M. *Garnerey*.
130. Cadre, contenant quelques petits Tableaux de fleurs en miniature. Par M. *Van Spaendonck*, Ac.
131. Payſage à gouache. Par M. *Moreau, l'aîné*.
132. Deſſin du Serment du Jeu de Paume. Par M. *David*.

L'Auteur n'a pas eu l'intention de donner la reſſemblance aux Membres de l'Aſſemblée. On ſouſcrit, pour la Gravure de ce Deſſin, chez M. *Gerdret*, Négociant, rue des Bourdonnois.

133. Combat du Cefte, Deffin de 4 pieds de long. Par M. *Moitte*, Ag.
134. Le Serment des Horaces entre les mains de leur Père. Tableau de 13 pieds fur 10. Par M. *David*, Ac.
135. Portrait de M. d'Aiguillon, Député à l'Affemblée. Par Mad. *Guyard*, Ac.
136. Payfage à gouache. Par M. *Moreau l'aîné*.
137. Petit Tableau repréfentant des fruits. Par M. *Berjon*.
138. Un jeune Payfan préfentant une Tourterelle à une Fille. Par M. *Charpentier*.
139. Narciffe. Par M. *Hue*, Ac.
140. Portrait ovale d'Homme. Par Mad. *La Perche*.
141. Un Payfage. Loth allant au-devant des Anges. Par M. *Bourgeois*.
142. Portrait ovale d'Homme. Par Mad. *La Perche*.
143. Un petit Payfage orné de figures. Par M. *Lorimier*.
144. Portrait en émail. Par Mad. *Cadet*.
145. Cadre ovale repréfentant des Raifins. Par M. *Berjon*.
146. Payfage orné de figures & d'animaux. Par M. *Sablet*.
147. Junon, attachant les yeux d'Argus à la queue de fon Paon. Par M. *Parfeval*.
148. Payfage. Une vue des Pyrénées des environs de Lourde. Tableaux de 7 pieds fur 4. Par M. *Lecorre*.
149. Une Femme tenant un livre. Portrait jufqu'aux genoux. Par Mlle *Le Roi*, Ac.
150. Niobé. Par M. *Jollain*, Ac.

151. Tableaux, imitants le Bas-relief, repréfentants des jeux d'Enfants. Par M. *Sauvage*.
152. Une Gouache. Par M. *Moreau, l'ainé*.
153. Un Payfan vieillard. Par M. *Dabos*.
154. Deffin. Coftume François. Par M. *Trinqueffe*.
155. Un Bénédictin. Par M. *Ducreux*.
156. Une Femme peinte à fon chevalet. Par Mlle *Duvivier*.
157. Vue prife dans la Forêt de Fontainebleau. Par M. *Bruandet*.
158. Deux petits Portraits de Femme. Par M. *Trinqueffe*.
159. Une Vue de Hollande. Par M. *Efchard*, Ag.
160. La Sympathie. Sujet de Paul & Virginie. Par M. *Jollain*, Ac.
161. Portrait de M. Charles Lameth, Député à l'Affemblée Nationale. Par Madame *Gault de Saint-Germain*.
162. Payfage. Fontaine de la Nymphe Egerie, aux environs de Rome. Soleil levant. Par M. *Genillon*.
163. Une Scène familière. Petit Tableau. Par M. *Charpentier*.
164. Les Adieux de Pfyché à fa Famille. Par Mademoifelle *Laville*.
165. Générofité des Dames Romaines. Par M. *Brenet*, Ac.
166. Portrait ovale de Femme. Par Mad. *Gault de Saint-Germain*.
167. Payfage orné de Figures & d'Animaux. Par M. *Bidault*.

168. Payſage. Vue d'une Rivière avec Fabriques. Par M. *Vincent (Louis)*.
169. Intérieur d'une Egliſe Gothique. Par M. *Lafontaine*, Ag.
170. L'Hoſpitalité. Par M. *Jollain*, Ac.
171. Portrait. Par M. *François*.
172. Payſage orné de Figures & d'Animaux. Par M. *Nivard*, Ag.
173. Attelier d'un Peintre. Par M. *Bilcoq*.
174. M. *Trinqueſſe*, peint par lui-même.
175. Bal & Feſtin de Payſans. Par M. *Taré*.
176. Portrait d'un Jeune-Homme. Par Mademoiſelle *Delorme*.
177. Deſſin. Coſtume François. Par M. *Trinqueſſe*.
178. Portrait ovale d'Homme. Par M. *Ducreux*.
179. Portrait. Par M. *Parſeval*.
180. Portrait d'une jeune Fille. Par M. *Petit-Coupray*.
181. Téré & Philomèle. Eſquiſſe. Par M. *Thoneſſe*.
182. Jeune Demoiſelle. Portrait. Par M. *Fournier*.
183. Eſquiſſe du Triomphe de la Révolution françoiſe. Par M. *Cheuvreux*.
184. Sacrifice d'Iphigénie. Eſquiſſe. Par M. *Balthaſard*.
185. Portrait juſqu'aux genoux. Par M. *Reſtout*.
186. Un Lavoir public, dans un Jardin, près du Mont-Caſſin, route de Naples. Par M. *Robert*, Ac.
187. Payſage. Maſure. Par M. *Bruandet*.
188. Un Peintre dans ſon Attelier. Par M. *Naigeon*.
189. Payſage orné de deux Vaches & une Chèvre. Par M. *le Gillon*, Ac.
190. Portrait, en pied, de M. Nau-Deville, en Garde-National. Par M. *Bellier*.

191. Tombeaux & autres Fragmens de l'Antiquité. Par M. *Robert*, Ac.
192. Petit Payfage avec Baigneufes. Par M. *Hue*, Ac.
193. Des Fruits. Par M. *Prevoft, le jeune*.
194. Scène tirée de Clariffe Harlove. Par Mademoifelle *Laville*.
195. Le feu de Vefta fur le point de s'éteindre, jette Rome dans la confternation. Emilie, foupçonnée d'être la Veftale impure, caufe de cet événement finiftre, prend le Ciel à témoin de fon innocence & jette fon voile fur les cendres froides, & auffi-tôt les flammes renaiffent. Par M. *Suvée*, Ac. (grand Tableau de 13 pieds fur 10).
196. Mufeum. Par M. *Robert*, Ac.
197. Un Déjeûner. Par M. *Mauperrin*.
198. Un petit Payfage. Par M. *le Sueur*.
199. Efquiffe. Défintéreffement d'Epaminondas, qui préfère fon amour pour fa Patrie à tout l'or et l'argent que lui fait offrir Artaxercès. Par M. *Forty*, Ac.
200. Vue de la Caverne qui exiftoit à Montmartre. L'Auteur en a fait une Caverne de voleurs Arabes. Par M. *Lefebre*, Efquiffe.
201. Tableau de Ruines anciennes. Par M. *Machi*, Ac.
202. Tableau repréfentant l'Extraction des marbres d'une carrière. Par M. *Defrance*.
203. Madame *Perrin*, peinte par fon Epoux.
204. Ruines & Colonnades anciennes. Tableau faifant pendant au n° 186. Par M. *Robert*, Ac.
205. Une Académie, peinte de grandeur naturelle. Par M. *Peyron*, Ac.
206. Un Clair de Lune. Par M. *Sarrazin*.

207. Un Portrait ovale d'Homme. Par M. *Petit.*
208. Un Prédicateur au milieu de ruines anciennes, après avoir endormi fon Auditoire, profite du moment pour cueillir & manger les cerifes. Par M. *Robert*, Ac.
209. Portrait ovale d'Homme. Par M. *Petit.*
210. Scène familière de Payfans. Par M. *Charpentier.*
211. Un Déluge. Par M. *Regnault.*
212. Ruines anciennes avec Figures. Par M. *Robert*, Ac.
213. Vue de la Porte Saint-Denys. Par M. *Lafontaine.*
214. Un Payfage avec Figures. Par M. *le Sueur.*
215. Portrait ovale de M. Roberfpierre, Député à l'Affemblée Nationale. Par M. *Boʒe.*
216. Retour de Tobie. Grand Payfage. Par M. *Taunay*, Ag.
217. Le Triomphe de Paul Emile, après la défaite de Perfée. Par M. *Vernet fils*, Ag.
218. Cyanippe, Roi de Syracufe, ayant méprifé les fêtes de Bacchus, fut frappé d'ivreffe & fit violence à fa fille. La Pefte affligea fon Pays. L'Oracle confulté demanda la mort de l'Inceftueux. Sa Fille fe facrifie elle-même & fe tue. Tableau de 12 pieds fur 10. Par M. *Perrin*, Ac.
219. Combat naval qui a précédé & affuré la conquête de la Grenade. Par M. *Hue*, Ac.
220. Portrait ovale d'Homme. Par M. *Boʒe.*
221. Vue du Lac de Nemy. Par M. *Tauny*, Ag.
222. Vue de la Porte Saint-Martin. Par M. *Delafontaine.*
223. Reftes du Palais, de l'Aqueduc, du Tombeau & de la Statue de Néron. Par M. *Robert*, Ac.

224. Un Cheval gardé par un Chien, petit Tableau. Par M. *Saint-Martin.*
225. Intérieur Ruftique, où l'on diftingue une petite Vielleufe, montrant une pièce d'argent à fa Mere. Par M. *Charpentier.*
226. Portrait ovale d'Homme. Par M. *Danloux.*
227. Le Génie de la Peinture fe dégageant pour toujours des obftacles qui l'empêchoient de s'élever. Efquiffe. Par M. *Lefebvre.*
228. Portrait ovale d'Homme. Par M. *François.*
229. Les Ruines du Palais de Caracalla, près defquelles fe fait une partie de Ballon. Par M. *Robert*, Ac.
230. Archimède, figure académique. Par M. *Peyron.*
231. Intérieur de la Nouvelle Eglife de la Magdelène de la Ville-l'Evêque. Par M. *Machy*, Ac.
232. Un Nid de Fauvette fculpté en bois. Par M. *de Montreuil.*
233. Une marche d'Armée. Frife par M. *Fortin*, Ag.
234. Un Portrait d'Homme. Par M. *Taffy.*
235. Tableau de Fleurs & Fruits. Par M. *Prevoft, le jeune.*
236. Mort de Lucrèce. Deffin à l'encre de la Chine. Par M. *Moitte*, Ag.
237. Tête de Femme, imitant le Bas-relief. Par M. *Mauperrin.*
238. Payfage avec Figures & Animaux. Par M. *Swagers.*
239. Portrait ovale de M. Alexandre Lameth, Député à l'Affemblée Nationale. Par Madame *Guyard.*
240. Gouache. Aqueduc & Ruines. Par M. *Mongin.*
241. Exemple de Difcipline Militaire. Manlius Torquatus condamne fon Fils à la mort pour avoir

combattu contre l'Ordre des Confuls, quoiqu'il fût demeuré vainqueur. Tableau de 10 pieds fur 8. Par M. *Berthelémi*, Ac.

241 bis. Marine. Lever du Soleil. Par M. *Hue*.

242. Portrait ovale de M. Charles Lameth, Député à l'Affemblée Nationale. Par Madame *Guyard*.

243. Petit Payfage avec Figures. Par M. *le Sueur*.

244. Tête d'Homme imitant le Bas-relief. Par M. *Mauperrin*.

245. Une jeune Fille va confulter un Magicien fur le fort de fon Amant abfent. Le Magicien le lui fait voir dans un Tableau Magique, aux pieds d'une autre Femme. Elle tombe évanouie dans les bras de fa Conductrice. Efquiffe terminée par M. *Lefebvre*.

246. Tableau ovale repréfentant des Fleurs. Par M. *Prévoft, le jeune*.

247. Bacchanal. Deffin. Par M. *Boichot*.

248. Deffein colorié à l'aquarelle, repréfentant Vénus au fein de fa famille. Par M. *Monfiau*, Ac.

249. Portrait de M. Desforges, Auteur Dramatique. Par M. *Vincent*, Ac.

250. Grand Tableau repréfentant Anacréon & fa Maîtreffe. Par M. *Reftout*.

251. Un Nid de Bouvreuil, fculpté en bois. Par M. *Demontreuil*.

252. Miniature. Jeu d'Enfans. Par M. *Barrois*.

253. Portrait d'Homme. Par M. *Roflin*, Ac.

254. Deux Epoux offrant leur Enfant à l'Amour. Par M. *Trinqueffe*.

255. Portrait d'Homme. Par M. *François*.

256. Des Ramoneurs rapportant leur recette à leur Chef de Bureau. Par M. *Valentin*.
257. Scène familière de Payfans. Par M. *Holain*.
258. Portrait de Mlle C.*** grandeur naturelle, fur un fond de Paysage. Par Mde. *de Suriny*.
259. Portrait d'Homme. Par M. *Ducreux*.
260. Portrait de Femme, ovale. Par M. *Bernard d'Agefci*.
261. Portrait de Femme. Par M. *Landry*.
262. Des Commiffionnaires auprès d'un feu de paille. Par M. *Cheuvreux*.
263. Cadre contenant plufieurs Miniatures. Par Mde. *Suriny*.
264. Portrait ovale de Femme. Par M. *Bernard d'Agefci*.
265. Tête de Vieillard. Par *le même*.
266. Maréchal à fa forge. Par M. *Aubée*.
267. Peintre dans fon attelier. Par M. *Bilcoq*.
268. Vue de la Place Louis XVI. à Breft. Par M. *Jallier*.
269. Tableau. Par M. *Guillon*.
270. Œdipe, aveugle conduit par Antigone. Par M. *Jollain*, Ac.
271. L'Intérieur d'une Prison. Par M. *Royer*.
272. L'Intérieur d'un Café. Deffin. Par M. *Taré*.
273. L'Innocence entre le Vice & la Vertu. Tableau. Par Mlle. *Leroux de la Ville, l'ainée*.
274. Brutus, de retour chez lui, après avoir condamné fes deux Fils qui s'étoient unis aux Tarquins, dont on rapporte les corps pour leur donner la fépulture. Par M. *David*, Ac.

275. Paysage, Nappe d'eau, avec figures & animaux. Par M. *de Saint-Martin.*
276. Apollon dans fon exil. Par M. *Le Sueur.*
277. Intérieur d'une Tannerie. Par M. *Defrance.*
278. Enée & Didon. Par M. *Jollain*, Ac.
279. Une Perfpective de la Caiffe d'Escompte. Par M. *Jallier.*
280. Projet d'un Monument à la gloire de l'Aëroftat, Par M. *Jallier.*
281. Tête de vieille Femme. Par M. *Parfeval.*
282. Portrait d'un vieil Hermite. Par M. *Forty.*
283. Portrait ovale d'Homme. Par M. *François.*
284. Autre Portrait d'Homme. Par M. *Dabos.*
285. Portrait ovale de Femme. Par M. *François.*
286. Autre Portrait d'Homme. Par M. *Landry.*
287. Cadre contenant des miniatures. Par M. *Dumont.*
288. Petit Tableau repréfentant un Enfant jouant avec une poupée & des cartes. Par M. *Monfiau*, Ac.
289. Deux Deffins, d'après M. Moitte. Par M. *Janinet.*
290. La Nuit de la Saint-Barthelémi. Par M. *Desfonts.*
291. Deux Têtes d'Enfans, à droite et à gauche. Par Mde. *Dagefy.*
292. Deux Portraits de Femme. Par Mad. *Dagefy.*
293. Portrait de Femme, avec un Enfant. Par M. *Parfeval.*
294. Portrait d'Homme. Par M. *Mauperrin.*
295. Portrait d'Enfant avec un petit tambour. Par M. *Le Barbier*, Ac.
296. Portrait de M. l'Abbé ***. Par M. *Laneuville.*
297. Portrait d'un Chevalier de S. Louis. Par M. *Roflin*, Ac.
298. Portrait ovale d'Homme. Par M. *François.*

298 bis. Autre de Femme. Par M. *Parſeval*.
299. Socrate, au moment de prendre la ciguë. Par M. *David*, Ac.
300. Portrait d'homme. Par M. *Fournier*.
301. Vue du Champ de Mars, au moment de la preſtation du Serment Civique. Gravure coloriée. Par M. *Janinet*.
302. Jupiter, ſous la forme de Diane, ſéduiſant Califto. Par M. *Regnault*, Ac.
303. L'Education d'Achille, par le Centaure Chiron. Tableau de M. *Regnault*, Ac.
304. Portrait de Femme. Par M. *Fournier*.
305. Suzanne. Par M. *Fabre*.
306. Portrait ovale de Femme. Par M. *Laneuville*.
306 bis. Autre d'Homme. Par M. *Roſlin*, Ac.
307. Portrait d'Homme. Par M. *Reſlout*.
308. Autre de M. Target, Député à l'Aſſemblée Nationale, idem, ovale. Par M. *Bèʒe*.
309. Portrait de Femme. Par Mlle. *Delorme*.
310. Portrait d'un Peintre corrigeant une miniature. Par M. *Roſlin*, Ac.
311. Diane vue par Actéon. Par M. *Monſiau*, Ac.
312. Allégorie ſur la Révolution Françoiſe. Par M. *Heidloff (Victor)*.
313. Une Aquarelle. Payſage. Par M. *Le Sueur*.
314. Deux Scènes familières, gravées en couleur. Par M. *Janinet*.
315. L'Empriſonnement du Baron Trenck. Par M. *Haneʒ*.
316. Deux Portraits, Homme & Femme. M. *Robineau*.
317. Le Triomphe de Voltaire. Par M. *Dupleſſis*.

318. Paysage avec figures. Par Mad. *Duchâteau.*
319. Portrait ovale d'Homme. Par M. *Ducreux.*
320. Portrait de Femme. Par Mlle *Duvivier.*
321. Portrait d'Homme. Par M. *Boʒe.*
322. Tête de Vieille. Par M. *Parſeval.*
323. Marine. Par M. *Caſſin.*
324. Tête de Femme couronnée de roſes. Par Mlle *Bouliard.*
325. Portrait d'un Peintre. Par M. *Gault de Saint-Germain.*
326. Dominicain. Par Mlle. *Delorme.*
327. Portrait d'Evêque. Par M. *Boʒe.*
328. Un Enfant avec un Tambour. Par M. *Bertrand.*
329. Un Officier général. Par feû M. *Veyler.*
330. Tableau repréſentant des Ceriſes. Par M. *Jouet.*
331. Payſage orné de figures. Par M. *Rogat.*
332. Payſage, orné de figures & animaux, au lever du Soleil. Par M. *Boquet.*
333. Payſage, Ruines avec figures. Par M. *Forget.*
334. Zeuxis, Peintre Athénien, faiſant choix des plus belles Femmes pour ſon Tableau. Par M. *Vincent,* Ac.
335. Portrait ovale d'Homme. Par Mad. *La Perche.*
336. M. Veſtier, peint par lui-même, Ac.
337. M. de la Fayette, tel qu'il doit ſervir de modèle à la Gravure, demandée par les 83 Départements. Par feû M. *Veyler.*
338. Tableau repréſentant des Prunes. Par M. *Jouet.*
339. Payſage. Par M. *Genillon.*
340. Portrait de Femme. Par Mlle. *Bouliard.*
341. Autre, idem. Par Mad. *Gault de Saint-Germain.*
342. Portrait d'Homme. Par M. *Allin.*

343. Tête de Calliope. Par M. *Trinqueſſe*.
344. Deſſin. Tête de Vieillard. Par Mlle *Delorme*.
345. M. Boze, peint par lui-même.
346. Tête de jeune Fille. Par Mlle *Delorme*.
347. Lavis, repréſentant des bâtiments antiques. Par M. *Bourgeois*.
348. Démocrite chez les Abdéritains. Par M. *Vincent*, Ac.
349. Tête de Vieillard. Par M. *Fortin*.
350. Portrait de Femme juſqu'aux genoux. Par Mad. *Duvivier*.
351. Portrait, en pied, d'un Homme appuyé ſur un cheval. Par M. *Robineau*.
352. Lavis, repréſentant les ruines d'un Temple de Jupiter Stator. Par M. *Baltar*.
353. Portrait en pied. Par M. *Danloux*.
354. Tableau imitant le bas-relief. Par M. *Bertrand*.
355. Petit Portrait d'un Homme pinçant de la Guitarre. Par M. *Allin*.
356. Deſſin. Lavis repréſentant une vue d'Italie. Par M. *Bourgeois*.
357. Rodogune. Eſquiſſe. Par M. *Taillaſſon*, Ac.
358. Petite tête d'Enfant. Par M. *Mauperrin*.
359. Deſſin. Lavis. Vue d'Italie. Par M. *Bourgeois*.
360. Payſage avec figures. Par M. *Dupleſſis*.
361. Diverſes Imitations. Par M. *Berjon*.
362. Petite Marine. Par M. *Swagers*.
363. Payſage avec figures. Par M. *Sweback Desfontaines*.
364. Intérieur d'une Egliſe de Flandres. Par M. *Delafontaine*, Ac.
365. Payſage à gouache. Par M. *Moreau*.

366. Vue de Marine des environs de Roterdam. Par M. *Le May*.
367. Gouache. Intérieur d'Eglife repréfentant des Cérémonies Religieufes. Par M. *Mallet*.
368. Un Chymifte dans fon Laboratoire. Par M. *Creville*.
369. Les adieux d'Hector & d'Andromaque. Par M. *Vien*, Ac.
370. Payfage avec figures. Par M. *Dupleffis*.
371. Petit clair de Lune. Par M. *Monfiau*, Ac.
372. Tableau de fleurs. Par M. *Wanpool*.
373. Vue extérieure de l'Eglife des Bernardins de Paris. Par M. *Depelchin*.
374. Vue & Site près de Fontainebleau. Par M. *Gadbois*.
375. Vue du Marché à Poiffons à Rome. Par M. *Robert*, Ac.
376. Daniel féparant les deux Vieillards qui avoient accufé Sufanne pour les entendre féparément. Par M. *Bouchet*.
377. Vue de Paris, prife au-deffus du Jardin de l'Arfenal. Par M. *Senave*.
378. Payfage avec figures & animaux. Gouache. Par M. *Gadbois*.
379. Intérieur d'une Eglife. Par M. *Lafontaine*.
380. Grand clair de Lune. Par M. *Hue*, Ac.
381. L'Innocence nourriffant un Serpent. Par M. *Merimé*.
382. Payfage à gouache. Par M. *Moreau*.
383. Payfage. Site d'Italie, orné de figures. Par M. *Taunay*, Ag.

384. Deſſin. Lavis repréſentants des vues d'Italie. Par M. *Bourgeois*.
385. Vue & Site d'Italie. Par M. *Taunay*.
386. Intérieur d'Egliſe de Flandres. Par M. *Lafontaine*.
387. Payſsage. Par M. *Lorimier*.
388. Deux Intérieurs avec figures & animaux. Par M. *Bilcoq*, Ac.
389. François Ier fait Priſonnier à la bataille de Pavie. Petit Tableau. Par M. *Sweback-Desfontaines*.

Retour de la Galerie.

Sculptures, Gravures & Deſſins.

390. Grand projet d'un Monument à élever au Champ de la Fédération. Par M. *Sobre, le jeune*, Architecte.
391. Deſſin lavé, avec cette Deviſe :
    Sta Viator heroem calcas.
    Par M. *Lagrenée, le jeune*, Ac.
392. Bas-relief, terre cuite, Sacrifice à Cérès. Par M. *Marin*.
393. Cadre renfermant différentes empreintes de médailles. Par M. *Andrieu*.
394. Cadre renfermant différentes Miniatures. Par M. *Boiſchegrain*.
395. Gravure d'après M. Moitte. Friſe à l'antique. Par M. *Janinet*.
396. La Coquette aux Enfers. Deſſin. Par M. *Lefevre*.
397. M. Delatude, gravé. Par M. *Veſtier*, Ac.
398. Cadre renfermant des Friſes antiques. Deſſin. Par M. *Fortin*, Sc. Ag.

399. Deſſin dans le goût antique. Par M. *Paſquier*, Sc.
400. Deſſin au Biſtre. Une Sainte-Famille. Par M. *Le Barbier, l'aîné*, Ac.
401. Deſſin lavé au Biſtre. Moïſe ſauvé des Eaux. Par M. *Lagrenée, le jeune*, Ac.
402. Cinq Eſtampes, dont les Sujets ſont expliqués au bas, & les Auteurs nommés.
403. Ulyſſe & Nauſicaa. Deſſin. Par M. *Peyron*, Ac.
404. Trois Gravures, dont les Sujets et les noms des Auteurs ſont au bas.
405. Bas-relief, terre cuite. Bacchante endormie. Par M. *Marin*, Sc.
406. Bas-relief ovale, en plâtre. Une Femme offrant ſon Fils à l'Amour. Par M. *Thierrard*, Sc.
407. Pendule en marbre. Par M. *Jullien*, Ac.
408. Académie deſſinée. Par Mlle *Delorme*.
409. Germanicus rendant les honneurs funèbres à Varrus & aux ſoldats péris à la bataille de *. Deſſin. Par M. *Boichot*, Sc., Ag.
410. La Samaritaine. Deſſin. Par M. *Avril, fils*, Gr.
411. Borée & Orithie. Gravure d'après M. Vincent. Par M. *Bouliard*, Gr.
412. Payſage. Deſſin avec fabrique antique. Par M. *Louis Vincent*.
413. Reniement de S. Pierre. Deſſin. Par M. *Lafille*.
414. Vue perſpective d'un projet de place pour Bordeaux, gravé d'après M. Louis. Par M. *Varin*.
415. Mort de Phocion. Deſſin au biſtre. Par M. *Monſiau*, P., Ac.
416. Achille trempé dans le Styx. Deſſin au biſtre. Par M. *Boichot*, Sc., Ag.

417. Deux Deffins. Allégorie à la Peinture. Par M. *Balthafard*, P.
418. Le Berger Paris. Deffin. Par M. *Fofli*, P., Ac.
419. Six Eftampes, dont les fujets et les noms d'Auteurs font au bas.
420. Cadre contenant huit Deffins pour la fuite des œuvres de Gefner. Par M. *le Barbier, l'ainé*, Ac.
421. Cadre contenant fix Eftampes dont les fujets font expliqués au bas. Par M. *Alexandre Tardieu*.
422. L'Oracle confulté. Deffin. Par M. *Touzet*, P.
423. Six Eftampes. Les fujets & noms d'Auteurs au bas.
424. Grouppe allégorique en terre cuite. Par Mad. *Deffonts*, Sc.
425. Bufte en terre cuite de M. Desfonts. Par le même.
426. Bas-relief bronzé, monument en l'honneur des citoyens morts à la prife de la Baftille. Par M. *Foureau*, Sc.
427. Bas-relief en terre. Triomphe de la liberté. Par M. *Duret*, Sc.
428. Un Vafe rempli de fleurs, modelé en cire. Par ***
429. Portrait de J.-J. Rouffeau. Par M. *Allais*.
430. Quatre Deffins. Sujet d'Hiftoire. Par M. *Lafitte*.
431. Pénelope & Ulyffe, Eftampe d'après Lebarbier. Par M. *Avril*, Gr.
432. Deux Gravures à l'eau forte. Animaux. D'après Senedre. Par M. *Denon*.
433. Deux Cadres contenant quatre gouaches. Vue du jardin de M. Beaumarchais. Par M. *Pourcelly*.

434. Eftampe du portrait du Roi. Par M. *Bervic*, Gr., Ag.
435. Henry IV, ramené au Louvre. Eftampe. Par M. *Rançonnet*, Gr.
436. Les Bains de Conftantinople. Eftampe d'après M. Lebarbier. Par M. *Delaunay*, *le jeune*.
437. Cadre renfermant fix Gravures. Par M. *Patas*, Gr.
438. La mort de Socrate. Eftampe gravée d'après fon Tableau. Par M. *Peyron*, Ac.
439. Quatre morceaux, dont deux en marbre, repréfentant l'un l'Amour endormi, l'autre une Tête d'Enfant, & les deux autres en terre cuite, l'un Hercule & une tête d'Enfant. Par M. *Lortat*.
440. Quatre morceaux en terre cuite, dont deux Buftes & deux Figures. Par M. *Bridant*, Ac.
441. Cadre renfermant plufieurs Portraits en miniature. Par M. *Sicardi*.
442. Deffin au Biftre avec Figures. Par M. *Mongin*.
443. Cadre contenant des Miniatures. Par M. *Adrien du Moutier*.
444. Quatre payfages lavés au Biftre. Vue de Saint-Domingue. Par M. *Lemay*, P.
445. Eftampe d'après Berghem. Par M. *Laurent*.
446. Figure de Femme, pour une Torchère en marbre. Par M. *Foucou*.
447. Petit Bufte, en Marbre, d'une Veftale. Par M. *Moitte*, Sc. Ag.
448. Grouppe en terre cuite. Adam & Eve, première pensée de la mort. Par M. *Boizot*, Ac.
449. Petit Grouppe en terre cuite. Turenne couvrant la France de fon Bouclier. Par M. *Dardel*.

450. Figures, en terre cuite. L'Amitié enchaînant l'Amour. Par M. *Chaudet*, Ag.

451. Buſte de grandeur naturelle, en Marbre. Un Philoſophe. Par M. *Pajou*, Ac.

452. Tête de Femme en Marbre. La Triſteſſe. Par M. *Stouf*, Ac.

453. Une Jardinière Grecque, en Marbre. Par M. *Monot*, Ac.

454. Une Femme, en Marbre, portant une Torchere. Par M. *Foucout*, Ac.

455. Figure de Flore, en terre cuite. Par M. *Delaitre*, Ag.

456. Projet d'un Monument allégorique à la Révolution. Par M. ***

457. Cinq Deſſins, dont deux grands coloriés, repréſentans Rome antique & moderne, avec les Places & explications des détails. Par M. *Lafontaine* (*L. T.*), Arch.

458. Buſte d'un Jeune-Homme, couleur terre cuite. Par M. ***

459. Deux Buſtes, en plâtre, dont un de Femme & un d'Homme. Par M. *Thiérard*, Sc.

460. Modèle, en plâtre, du Tombeau de J. J. Rouſſeau, tel qu'il eſt exécuté à Ermenonville. Par M. *le Sueur*, Sc.

461. Buſte, en plâtre, de M. Mirabeau. Par M. *Lucas*, Sc.

462. Figure du Maréchal de Lovendal. Par M. *Thierrard*.

463 Figure en plâtre, d'un Soldat bleſſé. Par M. *Milot*, Ag.

464. Deux Figures, en plâtre, dont l'une, Démocrite, & l'autre, Diogène. Par M. *Duret*, Sc.
465. Deux Bas-reliefs, en plâtre, dont l'un repréfente Minerve diftribuant des Couronnes, & l'autre, le Modèle de la Monnoie. Par M. *Dupré*, Gr.
466. Un Cadre renfermant des Miniatures. Par M. *Auguſtin*.
467. Autre Cadre renfermant des Miniatures. Par Mad. *le Suire*.
468. Un Deffin au Biftre. Clélie paffant le Tibre. Par M. *le Barbier*, Ac.
469. Autre Deffin fur papier bleu. La Vierge donnant des Scapulaires. Par M. *Suvée*, Ac.
470. Un Deffin au Biftre. Sujet d'Hiftoire. Par M. *Lagrenée, le jeune*.
471 . . . .
472. Un Deffin en papier bleu. La délivrance de Saint-Pierre. Par M. *Suvée, pere*, Ac.
473. Autre fur papier bleu. Sujet Allégorique. Par M. *Peyron*, Ac.
474. Un Cadre contenant un Ouvrage en bois. Nid d'Oifeau. Par M. *de Montreuil*.
475. Quinze Modèles en plâtre ou terre cuite. Un Lion, un Hermaphrodite, un Vafe, les trois Graces, un Amour, un petit Vafe, Grouppe repréfentant le tems faifant un Nœud ferré par l'Amitié, un autre Vafe, autre petit Grouppe, un Ganimède, un Vafe orné d'une Baccanale, une Figure de l'Hymen, une Figure avec deux Colombes, un Lion portant deux Enfans. Par M. *Segisbert*.
476. Veftale condamnée à être enfevelie. Par M. *le Sueur*.

477. Plan en Relief du Champ de la Fédération. Par M. *Milandre*.
478. Un Deffin. Par M. *Dénon*.
479. Une Vue du Palais-Royal. Gravure. Par MM. *Varin*.
480. Sept Eftampes. Par M. *Maffard*.
481. Portrait deffiné, & Gravure de Vierge d'après Raphaël. Par M. *Hubert*.
482. Douze Cadres. Portraits de Députés. Par MM. *Moreau* & *Labadie*.
483. Onze Gadres, Gravure repréfentant les Hommes célèbres. Par M. *Ponce*.
484. Onze morceaux de Sculpture. Buftes tant en Marbre qu'en Terre cuite, Plâtre, & Bronze. M. la Fayette, deux Têtes grouppées, Voltaire, deux Têtes d'Enfants, Franklin, Tête de jeune Fille, M. Bailly, Tête d'Enfant, M. Necker & Mirabeau. Par M. *Houdon*, Ac.
485. Cadre renfermant Miniatures & Camées. Par M. *Sauvage*.
486. Bouche de la Vérité. Deffin. Par M. *Chaudet*.
487. Un Cadre contenant des Miniatures. Par M. *Boʒe*.
488. Cadre renfermant des Miniatures. Par M. *Bouton*.
489. Deux Deffins en papier bleu. Par M. *Fortin,* Sc. Ag.
490. Un Deffin. Moyfe montrant les Tables de la Loi. Par M. *Thoneffe*.
491. Cadre contenant dix Deffins. Sujet du Nouveau Teftament. Par M. *Moreau le jeune*, Ac.
492. Buftes de Femme en plâtre. Par M. *Houdon*, Ac.
493. Onze morceaux de Sculpture. Deux petites Têtes

en terre, un Bufte d'Homme, Bacchante en deux Enfants, Bufte de Femme, Buftes de Jeune-Homme, une Efquiffe de l'Amitié, une Bacchante, une porteufe de Vafes, une Veftale & une Bacchante. Par M. *Marin*, Sc.

494. Trois morceaux de Sculpture. Tête de Chrift en marbre, un Mars en terre cuite, un Bufte en terre cuite. Par M. *Chardin.*

495. Petite Figure en plâtre de Voltaire. Par M. *Lucas.*

496. Projet d'un Tombeau pour Franklin. Par M. *Pilon.*

497. Deux Cadres renfermant des Têtes d'Animaux. Par M. *Laurent.*

498. Treize Eftampes, dont les Sujets & les noms d'Auteurs font au bas.

499. Un Deffin. Payfage. Par M. *Lafitte.*

500. Figure en plâtre. Mars en repos. Par M. *Lucas.*

501. Petite Figure en plâtre. Par M. *Berthélemi*, Sc.

502. Un Amour endormi, grandeur naturelle. Figure en plâtre. Par M. *Mudelot.*

503. Deux Buftes, terre cuite et plâtre. Par M. *Chaudet*, Ag.

504. Une Efquiffe de Diomède & un Vafe orné de Figures. Par M. *Boichot*, Ag.

505. Un Cadre contenant dix Deffins. Sujet tiré du Nouveau Teftament. Autre cadre repréfentant la Proceffion d'Ifis. Par M. *Moreau, le jeune.*

506. Trois Deffins en papier gris. Par M. *le Gillon.*

507. Le Deffin du Frontifpice des Cérémonies Religieufes. Par M. *Moreau, le jeune.*

508. Deux Eftampes, repréfentans les Etats-Généraux. Par M. *Moreau.*

509. Tête de Femme. Miniature. Par M. *Judlin.*
510. Trois petites Miniatures. Par M. *Dabos.*
511. Un Cadre contenant dix Deffins. Sujet tiré du Nouveau-Teftament. Par M. *Moreau, le jeune.*
512. Trois Morceaux de Sculpture en plâtre. Un Jupiter. Frere Cofme & le Bufte d'une Dame. Par M. *Dayteg.*
513. Trois Petits Buftes en plâtre. Par M. ***
514. Allégorie de la Liberté avec laquelle fe trouve M. d'Orléans. Par M. *de Seine,* fourd & muet.
515. La Liberté fous les Ruines de la Baftille. Par M. *Beauvalet.*
516. Projet d'un Monument à élever à la Liberté, fur des Ruines qui font Pyramide. Par M. ***
517. L'Etude qui veut arrêter le tems, d'après M. Ménageot. Par M. *Avril.*
518. Le Siège de Calais, gravé d'après M. Berthelémi. Par M. *Anfelin.*
519. Plan projeté d'une Salle d'Affemblée Nationale. Par M. *Boulanger.*
520. Grand & Petit Atlas des 83 Départemens, en 114 Cartes. Par les Auteurs du Bureau National, rue de la Harpe.
521. Un Génie, Figure de Marbre. Par M. *Boquet.*
522. Figure d'une Femme affife, tenant une coupe en plâtre. Par M.***
523. Une petite Tête en plâtre. Par M. ***
524. Deux Efquiffes en terre cuite. Une Veftale, & Ajax fe perçant de fon Epée. Par le même Auteur.
525. Une Tête de Roi, en terre cuite. Par M. *Rolland,* Ag.

526. Figure, en plâtre, de J. J. Rouſſeaü. Par *Chaudet*, Ag.
527. Eſquiſſe allégorique, en terre cuite, à la gloire de J. J. Rouſſeau. Par M. *Stouf*, Ac.
528. Un Bas-relief, en plâtre, Funérailles d'Hector. Par le même.
529. Tête de Vieillard, en marbre. Par le même.
530. Buſte d'Homme en plâtre. Par M. *Thierrard*.
531. Un Deſſin allégorique. Par M. *Balthaſard*.
532. Un Cadre contenant des Miniatures. Par M. *Mantelay*.
533. Eſtampe gravée d'après M. Moreau. Par M. *Simonet*.
534. Eſtampe de l'Aſſemblée Nationale; d'après M. Monet. Par M. *Helman*.
535. Un Cadre, renfermant des Miniatures. Par Mademoiſelle *Capet*.
536. Un Deſſin de l'encre de la Chine. Bacchanale. Par M. *Balthaſard*.
537. Un Cadre contenant pluſieurs Médailles. Par M. *Duval*.
538. L'Education fait tout. Eſtampe gravée d'après M. Fragonard. Par M. *Delaunay*.
539. Autre Eſtampe. La gaieté de Silene. Par le même.
540. Un Deſſin à la Pierre noire, repréſentant un Jeune-Homme, appuyé ſur le Dieu Termes. Par M. *Prud'hon*.
541. Un Cadre renfermant des empreintes de Monnoies. Par M. *Dupré*.
542. Un autre Cadre renfermant des Empreintes de Médailles. Par le même.

543. Un autre Cadre renfermant des Empreintes de Médailles. Par le même.
544. Une Eſtampe. Le petit Prédicateur. Par M. *Delaunay*.
545. Les Regrets mérités. Par le même.
546. Figure en plâtre de Phocion. Par M. *Fortin*.
547. Figure en plâtre de Béliſaire. Par M. *Beauvalet*.
548. Figure, en plâtre, d'un Soldat en repos. Par *Baccaire*.
549. Grouppe, en terre cuite, de Béliſaire. Par M. *Chaudet*.
550. Le Nid d'Amour, en Marbre. Le même.
551. Eſquiſſe, en terre cuite. Par M. *Mauré*.
552. Autre Eſquiſſe, en terre cuite, relative à la mort de Mirabeau. Le même.
553. Plan projeté d'un Monument à la Mémoire de pluſieurs Députés de l'Aſſemblée Nationale. Par le même.
554. Projet d'une Pendule. Par le même.
555. Un Projet de Fontaine. Par M. *Beauvalet*, Ag.
556. Buſte d'Homme, en plâtre Par M. *Deſmurs*.
557. Projet de Tombeau pour Mirabeau. Par M. *Fourreau*.
558. Buſte d'un Moine, en plâtre. Par M. *Simon*.
559. Un Cadre contenant un Chriſt en ivoire. Pár M.***
560. Un Grouppe en plâtre. Allégorie de Waſingthon, & de la Liberté. Par M. *Pilon*.
561. Un Buſte d'Homme en plâtre. Par M. *Morgan*.
562. Un Grouppe en plâtre. Allégorie de M. de la Fayette. Par M. *Marin*.

563. Un grand Cadre contenant des Miniatures. Par M. *Taſſy*.
564. Deſſin au Biſtre. Par M. *Boichot*, Ag.
565. Une Renommée en papier bleu. Deſſin. Par M. *Fortin*.
566. Autre id. Par le même.
567. Un Cadre contenant des Empreintes de Médailles. Par M. *Gatteau*.
568. Un Deſſin. Friſe. Par M. *Fortin*.
569. Un Deſſin. La mort d'Hector. Par M. *Gamoz, fils*.
570. Un Deſſin. Par M. *Balthaſard*.
571. Un Cadre contenant des Médailles en cire. Par M. *Gatteau*.
572. Un Buſte d'Homme en plâtre. Par M. *Budelot*.
573. Buſtes de Femme en plâtre. Par M. *Boquet*.
574. Autre Buſte id. Par le même.
575. Autre d'Homme. Par M.***
576. Petite Statue bronzée, de J. J. Rouſſeau. Par M.***
577. Autre id. de Voltaire. Par le même.
578. Petite Figure en plâtre. La Peinture. Par M. *Beauvalet*.
579. Tête de Femme en plâtre. Par M. *Chaudet*.
580. Buſte colorié en cire. Le Prince Royal. Par M. *Curtius*.
581. Grouppe en plâtre, pour une Pendule compoſée de la nature et du tems. Par M. *Thierrard*.
582. Modèle en relief de la Baſtille. Par M. ***
583. Le Baſtion de la Baſtille en relief. Par le même.
584. Modèle en relief d'une Abbaye & dépendances. Par M. ***

585. Deux Modèles d'Efcaliers tournant. Par M. *Delaplaye*.
586. Quatre Plans deffinés defdits Efcaliers. Par le même.
587. Bufte de Mirabeau, en plâtre bronzé. Par M. *Dumont*.
588. Bufte en plâtre, d'un Abbé. Par M. *Simon*.
589. Bufte, en terre cuite, d'un Jeune-Homme. Par M. *Hollain*.
590. Bufte d'Homme, en plâtre. Par M. *Budelot*.
591. Bufte en terre cuite. Par M. *Hollain*.
592. Bufte de Femme, en plâtre. Par M. *de Seine*, fourd & muet.
593. Bufte d'Enfant, en terre cuite. Par M. ***
594. Bufte de Mirabeau. Par M. *de Seine*, fourd & muet.
595. Un Petit Deffin, d'après Van-Oftad. Par Mademoifelle *Rouffelet*.
596. Un Deffin à la plume. Par le même.
597. Deffin — Portrait. Par M. *Panloux*.
598. Vue du Lac de Genève. Par Mademoifelle *Briceau*.
599. Le Serment des Horaces, gravé d'après M. Carat. Par M. *Laurent*.
600. Un grand Cadre, contenant des Emaux. Par Madame *Cadet*.
601 Vue du Lac de Genève. Par Mademoifelle *Briceau*.
602. Cadre contenant un Oifeau mort. Par M. *de Montreuil*.
603. Un Petit Deffin Arabefque. Par M. *Beauvalet*.

604. Une Eftampe, gravée d'après M. Louterbourg. Par M. *Laurent*.
605. Un Cadre contenant des Médaillons en ivoire & en cire. Par M. *Babonot*.
606. Petit Portrait gravé. Par M. *Ancelin*.
607. Un Deffin en Frife. Par M. *Royer*.
608. Un petit Portrait gravé. Par M. *Ancelin*.
609. Une petite Gravure, d'après M. Cochin. Par le même.
610. Un Petit Deffin Arabefque. Par M. *Beauvalet*.
611. Projet d'un Monument funéraire à Mirabeau. Par M. *Beauvalet*.
612. Bufte d'Homme, en plâtre. Par M. *Milot*.
613. Un Petit Grouppe, en terre cuite d'Atalande & d'Hypomède. Par le même.
614. Bufte d'Homme, en plâtre. Par M. *Simon*.
615. Figure, en plâtre, de J. J. Rouffeau. Par M. *Lucas*.
616. Bufte de *ib*. Par M. *de Seine*, fourd & muet.
617. Bufte en plâtre, d'une Femme. Par M. *Simon*.
618. Petit Bufte en plâtre, de M. Défilles. Par M. *Larmier*.
619. Bufte du Roi. Par le même.
620. L'Adoration des Bergers. Grand Tableau Par M. *Lavallée*. P. Ac. (Pouffin).

Dans le Sallon, au-deffus de la porte de la Galerie.

621. Hommage des Dames Romaines à Junon Lucine. Le projet de ce Tableau eft pour repréfenter le Printems, & eft deftiné pour les Gobelins. Il porte 10 pieds quarrés. Par M. *Callet*.

622. Hero, après avoir traverfé la mer, arrive près de Léandre, fa Maîtreffe. Par M. *Baltafard*.
623. Madame Saint-Huberti, dans le Rôle d'Iphigénie en Aulide. Par M. *Trinqueffe*.
624. Grand Payfage, repréfentant la Cafcade de Toni. 6 pieds fur 8. Par M. *le Sueur*.
625. Portrait de Mirabeau, au paftel. Par M. *Boʒe*.
626. Philoctete dans l'Ifle de Lemnos. Par M. *Monfiau*, Ac.
627. Petit Payfage. Par *Efchard*, Ac.
628. Un Marché de Chevaux et d'Animaux, petit Tableau. Par M. *Michel*.
629. Petit Payfage. Par M. *Vallin*.
630. Une Bataille, petit Tableau, en largeur. Par M. *Desfonts*.
631. Petit Payfage avec des Baigneufes. Par M. *Boquet*.
632. Portrait de Famille. Par M. *Guillou*.
633. Générofité des Dames Romaines. Par M. *Gauffier*, Ag.
634. Une Dame jouant de la Harpe, grand Portrait. Par M. *Landry*.
635. Un Portrait d'Homme. Par M. *François*.
636. Jeune Perfonne à fon Claveffin. Par M. *Bernard d'Agefci*.
637. Saint Louis en adoration. Par M. *Touʒet*.
638. Demi-Figure d'Homme. Etude. Par M. *Pajou, fils*.
639. Un Chien épagneul, de grandeur naturelle. Par M. *le Gillon*, Ac.
640. Une tête de Vieillard. Par M. *Hollain*.
641. Une jeune Fille, vêtue en blanc. Par M. *Parfeval*.

642. Payfan malade, gardé par fa Fille. Par M. *Dabos*.
643. Payfage à Gouache, orné de Figures & d'Animaux paffant une Rivière. Par M. *Gadbois*.
644. Une Aquarelle, repréfentant Œdipe près du Temple des Euménides. Par M. *le Sueur*.
645. Une Tête de Femme, deffein. Par M. *Moreau le jeune*.
646. Une Aquarelle, repréfentant Œdipe tuant Laïus. Par M. *le Sueur*.
647. La Prudence endormie. Par M. *Chaife*, Ag.
648. Tempête. Par M. *Hue*, Ac.
649. Une petite Marine. Par M. *Swagers*.
650. Deux Aquarelles. Par M. *le Sueur*.
651. Payfage orné de Figures & d'Animaux. Par M. *Bidault*.
652. La Poëfie érotique à qui l'Amour préfente le portrait de Sapho. Par M. *Bernard Dagefci*.
653. Portrait d'un Evêque. Par M. *Bernard Dagefci*.
654. Méléagre entouré de fa Famille qui le fupplie de prendre les armes pour repouffer les Ennemis prêts à fe rendre Maîtres de la Ville de Calidon. Tableau de 10 pieds sur 13. Par M. *Ménageot*, Ac.
655. Portrait d'une Femme tenant fon Enfant. Par M. *Parfeval*.
656. Portrait oval d'un Enfant & de fa poupée. Par M. *Veftier*, Ac.
657. Des fleurs & des Fruits. Par M. *Malaine*.
658. Petit Payfage. Par M. *Michel*.
659. Bas-Relief d'Enfans, imitant le bronze. Peint par M. *Sauvage*.
660. Petit Payfage. Par M. *Michel*.

661. Vue de Hollande prife aux environs de Harlem. Par M. *Efchard*, Ag.
662. Un Petit Payfage. Par M. *Boquet*.
663. Petit Tableau repréfentant une femme en pied devant une glace. Par M. *Danloux*.
664. Naufrage d'Ulyffe dans l'Ifle des Phéaciens, implorant le fecours & l'hofpitalité de Nauficaa, fille du Roi Alcinous. Par M. *Peyron*, Ac.
665. Un Payfage orné de Figures & d'Animaux paffant une rivière à gué. Par M. *Houël*, Ag.
666. Une jeune Dame jouant de la Harpe. Par M. *Robert Lefevre*.
667. Portrait de **. Par M. *Suvée*, Ac.
668. Un Payfage. Coucher du Soleil. Par M. *Hue*, Ac.
669. Un Tableau ovale de Fleurs. Par M. *Corneille Van-Spaendonck*, Ac.
670. Un Clair de Lune réfléchi dans un Lac, des Bacchantes en fureur, des Torches à la main. Par M. *Le Sueur*.
671. Un Payfage repréfentant un ancien Port avec Figures & Animaux. Par M. *Swebach-Desfontaine*.
672. Un Payfage avec Figures & Animaux. Par M. *Saint-Martin*.
673. Un Tableau ovale de Fleurs. Par M. *Corneille Van-Spaendonck*.
674. Payfage, Cafcade, vue d'Italie. Par M. *Hue*, Ac.
675. Mariage Germain. Tableau de 4 pouces fur 8. Par M. *de Saint-Ours*.
676. L'efprit du Commerce. Tableau de 25 pieds fur 14. Le Génie du Commerce, traverfant les airs d'un vol rapide, découvre l'Amérique & les autres parties du monde repréfentées par les différentes

Figures qui ornent ce Tableau. Elles apportent en échange & fe communiquent toutes leurs productions. Dans le fond de ce Tableau un Port de Mer ou les Travaux du Commerce, font dans la plus grande activité. Ce Tableau eft pour la Chambre du Commerce de Rouen. Par M. *le Monnier*, Ac.

677. Mlle Ducreux jouant de la Harpe, peinte par elle-même. Portrait, en pied, grand comme nature.
678. Mariage de Booz & de Ruth. Par M. *Belle, fils*.
679. Premier Navigateur. Par M. *Gauffier*, Ag.
680. Petit Tableau repréfentant la vue des Temples de Peftum. Par M. *le Sueur*.
681. Autre Efquiffe, fous le même n°, dont le fujet n'a pas été donné. Par M. *Gauffier*, Ag.
682. Tableau de Fleurs ovale. Par M. *Corneille Van-Spaendonck*, Ac.
683. Payfage. Par M. *Nivard*, Ag.
684. Payfage. Par M. *Taunay*, Ag.
685. Payfage. Par M. *le Sueur*.
686. Grand Payfage avec chûte d'eau orné de Figures. Par M. *Hue*, Ac.
687. L'Examen des Enfans à Sparte. Tableau de 4 pouces fur 8. Par M. *de Saint-Ours*.
688. Portrait d'une Femme, tenant fon Enfant dans les bras. Par M. *Robert Lefebvre*.
689. Portrait d'une jeune Dame. Par M. *Suvée*, Ac.
690. Un Clair de Lune réfléchi dans l'eau. Par M. *Hue*, Ac.
691. Vafe de Fleurs. Par M. *Malaine*.
692. Petit Payfage avec des Baigneufes. Par M. *Boquez*.

693. Un petit Portrait de femme. Par M. *Thonneſſe*.

694. Vue & Port de Harlem en Hollande. Par M. *Eſchard*, Ag.

695. La Prédiction de la Naissance de Samson. Par M. *Gauffier*, Ag.

696. Payſage orné de Figures & d'Animaux. Par M. *Boquet*.

697. Appollon veut ravoir un Trepied qu'Hercule emporte du Temple de Delphes. Tableau de 12 pouces ſur 9. Par M. *Bonvoiſin*.

698. Un Homme baillant. Par M. *Ducreux*.

699. Portrait ovale d'un Enfant jouant avec un chien. Par M. *Veſtier*, Ac.

700. Fleurs dans un vaſe, & éparſes dans une corbeille. Par M. *Prevoſt, le jeune*.

701. Une Eſquiſſe repréſentant le Chriſt mis au tombeau. Par M. *Touzé*.

702. Bas-Relief fin en marbre. Bacchanale. Par M. *Bertrand*.

703. Diane & Endymion. Par M. *Deſoria*.

704. Un Payſage. Par M. *Baltar*.

705. Brutus l'ancien, condamnant ſes Fils à la mort. Par M. *Viguiallis*.

706. Une Dame aſſiſe ſur un tertre. Par M. *Bernard d'Ageſcy*.

707. Sainte Catherine de Sienne. Par M. *Touzet*.

708. La mort de Socrate. Par M. *Lefebvre*.

Premier Tableau de l'Auteur, fait à dix-huit ans.

709. Vue d'un Port d'Italie. Par M. *Hue*, Ac.

710. Scène Familière. Par M. *Petit-Coupray*.

711. Une Gouache, repréſentant une avenue de Saint-

Cloud, & l'arrivée des Ambaffadeurs de Tippo-Saïb. Par M. *Affelin*.

712. Payfage, avec des Pêcheurs, figures & animaux. Par M. *Robert*.

713. Une Tête de Femme. Par M. *Landon*.

714. Pêches. Par M. *Prevoft, le jeune*.

715. Une Tête de vieille Femme. Par M. *Cheuvreux*.

716. Un Payfage. Par M. *Efchard*, Ag.

717. Portrait d'Homme. Par M. *François*.

718. Portrait de M. Daubenton. Par M. *Roflin*, Ac.

719. Portrait de Femme peinte jufqu'aux genoux. Par M. *David*, Ac.

720. Achille reconnu par Ulyffe. Par M. *Gauffier*, Ag.

721. Payfage avec Figures. Par M. *Nivard*.

722. Scène familière dans un Payfage. Par M. *Trinqueffe*.

723. Portrait d'Homme. Par M. *François*.

724. Les Bergers d'Arcadie. Par M. *Chaize*, Ag.

725. Une Vue de la Mer. Par M. *Cazin*.

726. Intérieur d'Eglife gothique. Par M. *Lafontaine*.

727. Converfation dans un Payfage. Par M. *Trinqueffe*.

728. Tête d'Homme. Portrait. Par M. *Robin*, Ag.

729. Un Clair de Lune réfléchi dans l'eau. Par M. *Hue*, Ac.

730. Dibutade ou l'Origine du Deffin. Par M. *Suvée*, Ac.

731. Autre Dibutade. Par M. *Mouchet*.

732. Portrait de M. Charpentier, peint par lui-même.

733. Les Filles de Pelias, demandant à Médée le rajeuniffement de leur Pere. Par M. *Chaife*, Ag.

734. Portrait d'Homme. Par M. *Veftier*, Ac.

735. Intérieur d'un Temple gothique. Par M. *Lafontaine*.

736. Socrate arrachant Alcibiade du fein de la Volupté. Par M. *Regnault*, Ac.

737. Le Pouvoir de l'Amour. Par M. *le Barbier, l'ainé*, Ac.

738. Une jeune Dame Efpagnole. Par Mad. *Le Brun*.

739. Portrait de M. d'Orléans. Par Mad. *Guyard*, Ac.

740. Vue & Payfage d'Italie, orné de figures & d'animaux. Par M. *Denis*.

741. Deffin d'une Frife qui a été exécutée au Champ de Mars. Par M. *Moitte*, Ac.

742. Petit Tableau repréfentant un Chymifte dans fon laboratoire. Miniature. Par M. *Laurent*.

743. Clair de Lune. Petit Tableau. Par M. *Le Sueur*.

744. Jeune Femme tenant une Colombe. Par M. *Laurent*.

745. Tableau de Fleurs. Par M. *Corneille Van-Spaendonck*, Ac.

746. Une jeune Femme, près d'une fontaine, dans une forêt. Miniature. Par M. *Laurent*.

747. Lever du Soleil, petite Marine. Par M. *Le Sueur*.

748. Un Jeune-Homme fe repofant près d'un ruiffeau. Miniature. Par M. *Laurent*.

749. Hector, arrachant Paris d'auprès d'Hélène, pour le mener au combat. Par M. *Moreau*.

750. Le jeune Pyrrhus à la Cour de Glaucias. Tableau de 11 pieds fur 10. Par M. *Vincent*. Tableau appartenant à l'Electeur de Trèves.

751. Portrait de M. Giroult. Peintre. Par Mad. *Gault de Saint-Germain*.

752. Vue d'Italie, Payfage, Chûte d'eau, orné de figures & d'animaux. Par M. *Dunony*.
753. Deffein de l'un des Bas-Reliefs de la Fédération. Par M. *Moitte*.
754. Vue d'un Camp. Petit Tableau. Par M. *Taunay*, Ag.
755. Femme Grecque, enfeignant à fa Fille à jouer de la lyre. Par M. *Lagrenée, le jeune*, Ac.
756. Un Tableau repréfentant l'Extrême-Onction adminiftrée à un Agonifant. Par M. *Valentin*.
757. Portrait de Femme fur un fopha. Par Mme *Le Brun*, Ac.
758. Phylomèle préfentant à Térée la tête de fon Fils. Tableau de 9 pieds fur 7. Par M. *Thoneffe*.
759. Portrait de M. ***, Médecin. Par M. *Roflin*, Ac.
760. Vue des Bords du Teverone & de la Cafcade de Saint-Coffimato. Sur le devant, Tobie & l'Ange. Par M. *Bidault*.
761. Payfage à gouache, orné de figures. Par M. *Paris*.
762. Scène familière. Par M. *Bailly*.
763. Chrift defcendu de la Croix. Efquiffe. Par M. *Regnault*, Ac.
764. Fête à Bacchus. Tableau. Par M. *Chaize*, Ag.
765. Payfage orné de figures & animaux. Par M. *St-Martin*.
766. La mort de Séneque. L'inftant où Pauline, fa femme, fe fait ouvrir les veines. Efquiffe. Par M. *Lefebvre*.
767. Efquiffe d'une Sainte Famille. Par M. *Suvée*, Ac.
768. Grand Payfage. Par M. *Bruandet*.
769. Sainte Félicité exhortant le dernier de fes Fils au martyre. Par M. *Giroult*.

770. Portrait d'Homme, ovale. Par M. *Bernard d'Agefci.*
771. Portrait de Femme. Par M. *Veflier*, Ac.
772. Le Portrait de Paëfiello. Par Mde *Le Brun.*
773. Vue d'une Forêt. Par M. *Saint-Martin.*
774. Le Médecin des urines. Par M. *Bilcoq*, Ac.
775. L'Amitié de Périclès pour Anaxagore. Périclès détourne ce dernier de la réfolution où il étoit de fe laiffer mourir. Par M. *Perrin*, Ac.
776. Numa Pompilius, confultant la Nymphe Egerie. Par M. *Naigeon.*
777. Enée, prêt à dépofer fon Pere Anchyfe fur le mont Ida. Par M. *Lefebvre.*
778. Jacob reconnoiffant la robe enfanglantée de fon Fils Jofeph. Par M. *Forty*, Ac.
779. Grand Payfage, Vue de Paris, prife de la Montagne de Meudon. Par M. *Sarrazin.*
780. Petit Tableau repréfentant la Cafcade de Tivoly. Par M. *Hue*, Ac.
781. Deffein Arabefque, à l'encre de la Chine. Par M. *Moitte.*
782. Petit Payfage. Coucher du Soleil. Par M. *Hue*, Ac.
783. Scène familière de Payfans. Par M. *Bilcoq*, Ac.
784. La Piété Filiale. Par M. *Perrin.*
785. Ganimède. Par M. *Forty.*

La Cour à gauche.

786. Figure, en Marbre, ordonnée pour le Roi, de M. Rollin. Par M. *Le Comte*, Ac.
787. Figure de Femme, en plâtre, grandeur naturelle,

repréfentant une Joueufe de Mail. Par M. *Pafquier*.

788. Figure de Bronze, repréfentant une Frileufe, Par M. *Houdon*, Ac.

789. Statue, en Marbre, de grandeur naturelle, repréfentant Pfyché. Par M. *Pajou*, Ac.

790. Figure, en Marbre, grandeur naturelle, accompagnée d'une Chèvre. Par M. *Julien*, Ac.

791. Bas-relief, en forme de Frife, repréfentant des Femmes, fe tenant par la main. Par M. *Pafçuier*.

792. Bas-relief, en plâtre. Par M. *de Joux*, Ac.

793. Autre Bas-relief, en plâtre. Par M. *Baccari*.

794. Statue, en Marbre, du Maréchal de Luxembourg. Par M. *Mouchi*, Ac.

LISTE

Des Noms par Lettres alphabétiques, & des Demeures des Artiſtes qui ont expoſé, cette année, au Louvre, avec les numéros de leurs Ouvrages.

N. B. La multitude des objets, le retard des envois & la rapidité forcée de la rédaction, n'ont pas permis de donner à chaque ſujet l'extenſion déſirée par MM. les Artiſtes.

A.

Mᵐᵉ Allain, P. n° 342, 355, rue & Hôtel de Berry, au Marais.
M. Allais, Sc., n° 429, quai de l'Horloge, n° 37.
M. Andrieu de Murent, G., n° 393, rue des Noyers, n° 33.
M. Anſelin, G., n° 608, 609.
M. Aſſelin, P., n° 711, à la Manufacture de Porcelaine du Roi.
M. Aubée, P., n° 266.
M. Auguſtin, P., n° 466, au coin des rues Saint-Honoré & du Roule, Café David.
M. Avril, pere, Graveur, ⎫ rue du Petit-Bourbon,
 n° 431. ⎬ Fauxb. S. Germain,
M. Avril, fils, G., n° 410. ⎭ n° 23.

B.

M. Babouot, Sc., n° 605, rue de Montmorenci, au Marais, n° 22.
M. Baccari, Sc., n° 548, 793, Hôtel de Bouillon, rue J.-J. Rouſſeau.

M. Bachelier, n° 97, rue des Cordeliers, près de la rue de la Harpe.
M. Bailly, P., n° 762.
M. Baltar, P., n° 352, 704, à Lyon.
M. Balthafard, P., n° 85, 104, 184, 417, 531, 536, 570, 622, 652, 653, rue Poupée, n° 14.
M. Barrois, P., n° 252.
M Beauvalet, Sc., n° 515, 547, 555, 578, 603, 610, 611, rue des Marais, Fauxbourg Saint-Martin.
M. Béguyer-Chancourtois, P., n° 32, rue des Foffés du Temple, n° 25.
M. Belle, fils, P., n° 678, aux Gobelins.
M. Bellier, P., n° 190, au coin du Boulevard Montmartre.
M. Bergon, n° 99, 119, 137, 145, 361, paffage des Petits-Peres, n° 1.
M. Bernard Dagefci, n° 80, 260, 264, 265, 291, 292, 636, 652, 706, 770, rue des SS.-Peres, n° 63.
M. Berthelemy, P., n° 70, 241, Cour du vieux Louvre.
M. Berthelemy, Sc., n° 501, rue des Marmouzets, dans la Cité.
M. Bertrand, P., n° 103, 328, 354, 702, rue du Marché Palu.
M. Bervic, G., n° 434, aux Galeries du Louvre.
M. Bidault, P., n° 59, 121, 167, 651, 760, à Mouceau, ruelle de Clichy, chez M. Dulac.
M. Bilcoq, P., n° 173, 267, 388, 774, 783, Hôtel de la Fautrière, rue de l'ancienne Comédie Françoife.
M. Bocquet, Sc., n° 521, 573, 574, rue Baffe Saint-Denys, cul-de-fac Saint-Laurent.
M. Bocquet, P., n° 89, 332, 631, 662, 692, 696, rue Tiquetonne, n° 31.
M. Bogel, P., n° 110.
M. Boichegrain, P., n° 394, rue du Foin Saint-Jacques.
M. Boichot, P., n° 247, rue des Sauvages.
M. Boichot, Sc., n° 409, 416, 504, 564, rue des Sauffaies, Fauxbourg Saint-Germain.

M. Boizot, Sc., n° 448, rue du Petit-Bourbon, Faux-bourg Saint-Germain.

M. Bonvoifin, P., n° 697, rue de la Bûcherie, n° 11.

M. Boulanger (Michel-Victor), Arch., n° 519, rue du Petit-Bac.

M. Bouchet, P., n° 376, Fauxbourg Montmartre, à la Boule Rouge.

Mlle Bouillard, P., n° 324, 340, rue Bailleul, vis-à-vis l'Hôtel d'Aligre.

M. Bouillard, G., n° 411, rue d'Argenteuil, n° 95.

M. Bourgeois, P., n° 73, 77, 141, 347, 356, 359, 384, rue de la Tixéranderie, maifon de M. Bouclot.

M. Bouton, P., n° 488, rue de Bourbon-Ville-neuve, n° 53.

M. Boze, n° 215, 220, 308, 321, 327, 345, 487, 625, Place des Victoires.

M. Brenet, P., n° 165, Cour du vieux Louvre.

M. Briceau, P., n° 598, 601.

M. Bridan, Sc., n° 440, Cour du vieux Louvre.

M. Brochat, n° 91.

M. Bruandet, P., n° 35, 157, 187, 768, rue des Cordeliers.

M. Budelot, Sc., n° 502, 572, 590, Cour du vieux Louvre, chez M. Brideau, Sculpteur.

C.

Mme Cadet, P., n° 120, 144, 600.

M. Callet, P., n° 621, Cour du vieux Louvre.

Mlle Capet, P., n° 535, rue de Richelieu, près de celle des Boucheries, chez Mme Guyard.

M. Cazin, P., n° 95, 323, 725, rue Montmartre, n° 189.

M. Chaife, P., n° 128, 647, 724, 733, 764, rue l'Evêque, butte Saint-Roch.

M. Chardin, Sc., n° 494, aux Grands-Auguftins.

M. Charpentier, P., n° 138, 163, 210, 225, 732, rue Bourbon-Ville-neuve, n° 63.

M. Chatelin, P., n° 56, rue Quincampoix, n° 98.
M. Chaudet, Sc., n° 450, 486, 503, 526, 549, 550, 579, aux Gobelins.
M. Chéri, P., n° 1, Hôtel de Boullion, rue J.-J. Rouffeau.
M. Chevreux, P., n° 75, 101, 183, 262, 715, rue Sainte-Appoline, n° 6.
M. Creville, P., n° 368, rue Sainte-Foix-Ville-neuve, maifon du Perruquier.
M. Curtius, n° 580, fur le Boulevard.

D.

Mme Dabos, P., n° 510. } rue neuve S. Au-
M. Dabos, P., n° 153, 284, 642. } guftin, n° 14.
M. Daiteg, Sc., n° 512, rue du Cimetière Saint-André-des-Arcs.
M. Danloux, P., n° 18, 24, 41, 226, 353, 597, 663, rue d'Amboife, n° 6.
M. Dardel, Sc., n° 449; quai Saint-Bernard, Chantier de l'Ecu.
M. David, P., n° 132, 134, 274, 299, 719, au Louvre.
M. Defrance, P., n° 67, 202, 277, rue de la Verrerie, n° 167.
M. Dejoux, Sc., n° 792, Palais Bourbon.
M. Delaitre, Sc., n° 455, Fauxbourg S.-Martin, maifon de M. Martin, Verniffeur du Roi.
M. Delaplaie, n° 585, 586, rue Sainte-Anne, butte Saint-Roch.
M. Delaunay l'ainé, G., n° 538, 539, 544, 545, rue Saint-André-des-Arcs, n° 48.
M. Delaunay le jeune, G., n° 426, rue & porte Saint-Jacques.
Mlle Delorme, P., n° 86, 176, 309, 326, 344, 346, 408, rue Saint-André-des Arcs, n° 24.
M. Denis, P., n° 87, 740.
M. Denon, G., n° 432, 478.

M. Depelchin, P., n° 373, rue Bourbon-Ville-neuve, n° 48.

M. Defeine-le-Sourd, Sc., n° 514, 592, 594, 616, rue de Provence, Ecuries d'Orléans.

Mme Desfonts, Sc., n° 424, 425, } rue des Cordeliers,
M. Desfonts, P., n° 290, 630.   } n° 21.

M. Defmurs, Sc., n° 556, rue S. Martin, n° 345.

M. Déforia, P., n° 58, 93, 703, rue Verte Saint-Honoré, maifon de M. Pouffin.

Mme Duchâteau, P., n° 318, rue des Deux-Boules, n° 6.

M. Ducreux, P., n° 47, 155, 178, } rue des S. Peres,
259, 319, 698.   } n° 4.
Mlle Ducreux. P., n° 117, 677.

M. Dumont, P., en miniatures, n° 116, 287, aux Galeries du Louvre.

M. Dumont, Sc., n° 587, rue de Mirabeau, n° 80.

M. Dumontier, P., n° 443, rue Neuve Saint-Auguftin, n° 14.

M. Dupleffis, P., n° 317, rue de la Calandre, n° 14.

M. Dupleffis, P., n° 360, 370, rue du Fauxbourg Saint-Martin, n° 20.

M. Dupré, G. des Monn., n° 465, 541, 542, 543, place Dauphine, n° 10.

M. Duret, G., 427, 464, rue de Lancry, n° 6.

M. Duval, G. en Médailles, n° 537, rue du Temple, n° 153.

M. Dunony, P., n° 752.

Mlle Duvivier, P., n° 156, 320, 350, rue des Petits-Carreaux, n° 34.

E.

M. Efchard, P., n° 30, 50, 159, 627, 661, 694, 716, rue Neuve des Petits-Champs, n° 92.

F.

M. Fabre, P., n° 71, Penfionnaire à Rome.

M. Fontaine, Arch., n° 457, rue Montmartre, n° 219.
M. Forget, P., n° 333, rue des Carmes, n° 24.
M. Forty, P., n° 199, 233, 282, 349, 418, 778, 785, rue du Roi doré, au Marais, n° 9.
M. Fortin, Sc., n° 398, 489, 546, 565, 566, 568, Cour du vieux Louvre.
M. Foucou, Sc., n° 446, 454, rue Pot-de-Fer, au Noviciat.
M. Fournier, n° 72, 125, 182, 300, 304, rue des deux Boules, n° 4.
M. Fourreau, Sc., 426, 557, rue du Fauxbourg Saint-Antoine, n° 73.
M. François, P., n° 88, 92, 171, 228, 255, 283, 285, 298, 635, 717, 723, rue Gaillon, n° 11.

G.

M. Gadbois, P., n° 374, 378, 643, rue & porte Saint-Jacques.
M. Garnerey, P., 129, rue St-André-des-Arcs.
M. Gatteau, G. en Méd., n° 567, 575, cul-de-fac de Rouen Saint-André-des-Arcs.
Mme Gault de Saint-Germain, P., n° 90, 161, 166, 751.
M. Gault, P., n° 325, 341.
} rue Saint-Honoré, vis-à-vis de celle de S. Florentin, n° 377.
M. Gauffier, P., n° 98, 633, 679, 681, 695, 720, à Rome.
M. Genillon, P., n° 84, 96, 107, 162, 339, rue de la Vieille-Draperie, n° 1.
M. Gerard, P., n° 111, rue de Choifeul.
M. Giroux, P., n° 16, 769, Hôtel de Boullion, rue de J.-J. Rouffeau.
M. Guillon, P., n° 269, 632, rue de Verneuil.
Mme Guyard, n° 2, 10, 34, 40, 81, 135, 239, 242, 739, rue de Richelieu, près de celle des Boucheries.

H.

M. Hanez, P., n° 315.
M. Hauré, Sc., n° 551, 552, 553, 554, Section des Gravilliers.
M. Helman, G., n° 534, rue S.-Honoré, n° 315.
M. Henard, rue de Choiseul.
M. Heidloff, P., n° 312, à Stugard.
M. Hollain, P., n° 78, 113, 257, 640, rue de Menil-Montant, n° 61.
M. Hollain, Sc., n° 589, 591.
M. Houdon, Sc., 484, 492, 788, Fauxbourg du Roule.
M. Houël, P., n° 665, rue du Coq Saint-Honoré.
M. Hubert, Gr., n° 481, Quai des Augustins, Hôtel d'Auvergne.
M. Hue, P., n° 139, 192, 219, 380, 648, 668, 674, 686, 690, 709, 729, 780, 782, rue Montmartre, au coin de la rue Bergère.

J.

M. Jallier, Arch., n° 268, 279, 280, rue Mêlée, n° 19.
M. Janinet, G., n° 289, 301, 314, 395, rue Haute-Feuille, n° 5.
M. Jollain, P., n° 108, 150, 160, 170, 270, 278, Cour du vieux Louvre.
M. Jouet, P., n° 330, 338, rue S.-Dominique, au coin de celle Sainte-Catherine.
M. Judlin, P., n° 509.
M. Julien, Sc., n° 407, 790, Cour du Louvre.

L.

MM. Labadie & Moreau, Gr., n° 482.
M. Lafitte, P., n° 413, 430, 499, rue Saint-Honoré.
M. Lafontaine, P., n° 5, 64, 66, 169, 213, 222, 364,

379, 386, 726, 735, rue baſſe, porte Saint-Denys.

M. Lagrenée, le jeune, P., n° 17, 391, 401, 755, Cour du vieux Louvre.

M. Landry, P., n° 261, 286, 634, rue des Grands-Auguſtins, n° 15.

M. Landon, n° 63, 713, rue de l'Univerſité, n° 19.

M. Laneuville, n° 54, 296, 306, rue Croix des Petits-Champs, n° 4.

Mme Laperche, P., n° 114, 123, 140, 142, 335, rue de la Barillerie.

M. Larmier, Sc., n° 618, 619, rue Bergère, n° 9.

M. Lavallée-Pouſſin, P., n° 620, rue Verte, Fauxbourg Saint-Honoré.

M. Laurent, P., 742, 744, 746, 748, rue Saint-Honoré, près celle des Fondeurs.

M. Laurent, G., n° 445, 497, 599, 604, Hôtel du Chapitre au Temple.

M. Lebarbier, l'aîné, P., n° 43, 295, 400, 420, 468, 470, 737, rue Bergère, n° 9.

Mme Lebrun, P., n° 738, 757, 772, en Italie.

M. Lecomte, Sc., 786, Cour du vieux Louvre.

M. Lecorre, P., n° 148, rue de Tournon, n° 45.

M. Lefebvre, P., n° 200, 227, 245, 396, 708, 766, 777, rue Saint-Honoré, près Saint-Roch.

M. Lefevre (Robert), n° 37, 51, 53, 108, 666, 688, rue d'Orléans Saint-Honoré, n° 10.

M. Le Gillon, P., n° 8, 12, 189, 506, 639, Quai des Auguſtins.

M. Le May, P., n° 366, 444, à Bruxelles.

M. Lemonnier, P., n° 676, Pointe-Saint-Euſtache.

Mlles Le Roux de la Ville, cadette, P., n° 94. ⎫
    Le Roux de la Ville, l'ainée, P., n° ⎬ rue Françoiſe.
    164, 194, 273. ⎭

Mlle Le Roi, n° 100, 149, à Verſailles.

M. Le Sueur, P., n° 198, 214, 243, 276, 313, 624, 644, 646, 650, 670, 680, 685, 743, 747, rue des Foſſés Saint-Germain des Prés.

M. Le Sueur, Sc., n° 460, 476, rue des Marais, Fauxbourg Saint-Martin.

M.me Le Suire, P.,
M. Le Suire, P., } n° 467, } rue du Coq St-Honoré.

M. Lortat, Sc., n° 439, rue du Bac, n° 105.

M. Lorimier (Etienne), P., n° 143, 387, rue Saint-Honoré, n° 434.

M. Lucas, Sc., n° 461, 495, 500, 615, rue Mirabeau, n° 101.

M.

M. Machi, P., n° 201, 231, Cour du Louvre.

M. Malaine, P., n° 657, 691, aux Gobelins.

M. Mallet, P., n° 367, rue des Boucheries S. G.

M. Mantelay, P., n° 532.

M. Marin, Sc., n° 392, 405, 493, 562, rue de Sève, n° 117.

M. Maffard, Gr., n° 480, rue & Porte Saint-Jacques.

M. Mauperin, P., n° 102, 115, 197, 237, 244, 294, 358, rue Saint-Jacques, vis-à-vis le Collége du Pleffis.

M. Ménageot, P., n° 654, à Rome.

M. Mérimé, P., n° 381, à Rome.

M. Michel, P., n° 628, 658, 660, rue Comteffe d'Artois, n° 81.

M. Milandre, n° 477.

M. Milot, Sc., n° 463, 612, 613, rue de la Savonnerie, près l'Apport-Paris.

M. Moitte, Sc., n° 133, 236, 447, 741, 753, 781, fauxbourg Saint-Denys, vis-à-vis les Ecuries du Roi.

M. Mongin, P., n° 126, 240, 442, rue de Sève, près les petites Maifons.

M. Monnot, Sc., n° 453, Cour du Louvre.

M. Monfiau, P., n° 6, 13, 248, 288, 311, 371, 415, 626, rue neuve des Petits-Champs, n° 92.

M. Montreuil, Sc., n° 21, 232, 251, 474, 602, rue du fauxbourg Saint-Martin, n° 6.

M. Moreau l'aîné, P., n° 62, 131, 136, 152, 365, 382, au Château de la Samaritaine.

M. Moreau le jeune, G., n° 491, 505, 507, 508, 511, 645, rue du Coq Saint-Honoré.

M. Moreau, Arch. P., n° 749, rue St-Guillaume, fauxbourg Saint-Honoré, n° 5.

M. Morgan, Sc., n° 561, rue neuve Saint-Etienne, près Bonne-Nouvelle.

M. Mouchet, P., n° 731, Quai de Bourbon, Iſle Saint-Louis, n° 9.

M. Mouchi, Sc., n° 794, Cour du Louvre.

N.

M. Naigeon, P., n° 188, 776, rue de Verneuil, n° 100.

M. Nivard, P., n° 172, 683, 721, Cour du Louvre, près M. Machi, P. du Roi.

M. Noël Gamos, fils, n° 569, maiſon de M. Courcel, près le Pont-Neuf.

P.

M. Pajou, père, Sc., n° 451, 638, 789, rue Froidmanteau, n° 196.

M. Pajou, fils, P., 29.

M. Paſquier, Sc., n° 399, 787, 791.

M. Parceval, P., n° 27, 122, 147, 179, 281, 293, 298, 322, 641, 655, rue des Capucines, n° 73.

M. Paris, P. & Arch., n° 761, rue de Fourcy, vieille Eſtrapade, n° 4.

M. Patas, G., n° 437.

M. Perrin, P., n° 203, 218, 775, 784, Cour du Louvre.

M. Petit-Couperay, P., n° 76, 127, 180, 710, rue Mauconſeil, n° 69.

M. Petit, P., n° 207, 209, rue du fauxbourg Saint-Martin, n° 57.

M. Peyron, P., n° 118, 205, 230, 403, 438, 473, 664, aux Gobelins.

M. Pillon, Sc., n° 496, 562, ancien Penfionnaire du Roi.
M. Ponce, Gr., n° 483, rue Sainte-Hyacinthe.
M. Pourcelly, n° 433.
M. Prevoft, le jeune, P., n° 193, 235, 246, 700, 714, rue de Bellefond, n° 202.
M. Prud'hon, n° 540, rue Cadet, n° 18.

R.

M. Rançonnet, G., n° 435.
M. Regnault, P., n° 211, 302, 303, 736, 763, rue des Foffés Saint-Germain-l'Auxerrois.
M. Reftout, P., n° 46, 48, 185, 250, 307, aux Galeries du Louvre.
M. Robert, P., n° 9, 55, 186, 191, 196, 204, 208, 212, 223, 229, 375, 712, aux Galeries du Louvre.
M. Robin, P., n° 15, 728, rue des Bernardins, n° 17.
M. Robineau, P., n° 316, 351, Paffage des Petits-Pères, n° 17.
M. Rogat, P., n° 331, Quai de l'Ecole, maifon de M. Conftantin.
M. Royer, P., n° 271, rue des Quatre-Vents, n° 2.
M. Rolland, Sc., n° 525, rue & derrière les petites Ecuries du Roi, fauxbourg S.-Denys.
M. Roflin, P., n° 68, 112, 253, 297, 306, 310, 718, 759, aux Galeries du Louvre.
Mlle Rouffelet, n° 595, 596, rue des Vieilles-Tuileries, n° 258.

S.

M. Sablet, P., n° 28, 146.
M. Saint-Ours, P., n° 39, 675, 687, à Rome.
M. Saint-Martin, P., n° 45, 224, 275, 672, 765, 773, rue S.-Roch, près celle du Sentier.

M. Sarrafin, P., n° 23, 206, 779, rue du Plâtre-Saint-Avoye, n° 4.

M. Sauvage, P., n° 26, 36, 52, 151, 485, 659, Hôtel de Boullion, rue J.-J. Rouffeau.

M. Sénave, P., n° 377, rue des Foffés M. le Prince.

M. Sicardi, P., n° 441, rue du fauxbourg Poiffonnière, n° 153.

M. Sigisbert, Sc., n° 475.

M. Simond, Sc., n° 558, 588, 614, 617, enclos S.-Laurent, fauxbourg S.-Martin.

M. Simonet, G., n° 533, rue & porte Saint-Jacques.

M. Sobre, le jeune, Arc., n° 390, rue du fauxbourg du Temple, n° 8.

M. Stouf, Sc., n° 452, 527, 528, 529, rue de Cruffol, Marais du Temple.

M. Sweback-Desfontaines, P., n° 363, 386, 389, 671, rue Saint-Antoine, n° 115.

Mme Surigny, P., n° 258, 263, rue Françoife, n° 17.

M. Suvée, P., n° 57, 195, 469, 667, 689, 730, 767, Cour du Louvre.

M. Swagers, P., n° 19, 25, 238, 362, 366, 649, 689, rue Baffe-d'Orléans, porte Saint-Martin.

T.

M. Taillaffon, P., n° 3, 14, 357, rue des Mauvaifes Paroles.

M. Tardieu (Alexandre), G., n° 421, rue Saint-Hyacinthe, Place Saint-Michel.

M. Taré, P., n° 65, 106, 175, 272, rue des Poulies, n° 18.

M. Taffy, P., n° 234, 563, Paffage des Petits-Pères, n° 9.

M. Taunay, P., n° 60, 79, 216, 221, 383, 385, 684, 754, rue Montorgueil, n° 119.

M. Thierard, Sc., n° 181, 406, 459, 462, 530, 581, rue du fauxbourg Saint-Martin, n° 115.

M. Thonneffe, P., n° 490, 693, 758, rue des Blancs-Manteaux, n° 53.

M. Touzet, P., n° 422, 637, 701, 707, rue de l'Arbre-Sec, n° 77.

M. Trinqueffe, P., n° 154, 158, 174, 177, 254, 343, 623, 722, 727, rue des Boulangers, n° 5.

V.

M. Valenciennes, P., n° 7, 11, 20. 22, 38, 42, Hotel de Boullion, rue J.-J. Rouffeau.

M. Valentin, P., n° 256, 756.

M. Vallin, P., n° 83, 629, Place Cambray.

M. Van-Spaendonck, P., n° 61, 74, au Jardin des Plantes.

M. Van-Spaendonck (Corneille), P., n° 130, 669, 673, 682, 745, rue de Grenelle-Saint-Hilaire, n° 65.

M. Vander, P., n° 105.

MM. Varin, frères, G., n° 114, 479, Quai de l'Horloge, n° 37.

M. Vernet, P., n° 217, aux Galeries du Louvre.

M. Veftier, P., n° 31, 69, 82, 109, 397, 656, 699, 734, 771, rue du fauxbourg Montmartre, vis-à-vis la rue Bergère.

M. Vien, P., n° 369, Place du Louvre.

M. Vignalis, P., n° 33, 705, à Rome.

M. Vincent, P., n° 4, 249, 334, 336, 348, 750, aux Galeries du Louvre.

M. Vincent (Louis), P., n° 168, 412, rue Saint-Honoré, n° 422.

M. Voiriot, P., n° 49, rue Neuve des Petits-Champs, n° 76.

Feû M. Weyler, P., n° 329, 337.

M. Wanpool, P., n° 372, rue du fauxbourg Saint-Denys, vis-à-vis celle des petites Ecuries.

Nogent-le-Rotrou, imprimerie de A. Gouverneur.

CONDITIONS DE LA SOUSCRIPTION

A LA

RÉIMPRESSION DES ANCIENS LIVRETS

Chaque volume sera livré aux souscripteurs moyennant le prix :
De 1 fr. 25 sur papier vergé;
De 2 fr. 50 sur papier de Hollande;
De 3 fr. sur papier de Chine.
Les souscripteurs de Paris recevront les volumes à domicile. Ceux de province ou de l'étranger pourront se les faire envoyer en payant en surplus les frais de poste, s'ils ne préfèrent les faire réclamer aux bureaux de souscription.

On souscrit :

Chez M. LIEPMANNSSOHN, libraire, 11, rue des Saints-Pères.

On trouve à la même librairie,

LE DUC D'ANTIN ET LOUIS XIV, rapport sur l'administration des bâtiments annotés par le Roi, publiés avec une préface, par J.-J. Guiffrey.

Sous presse,

LES ARTISTES FRANÇAIS, NOTICES ET DOCUMENTS pour faire suite aux *Archives de l'art français*, publiés par MM. An. de Montaiglon et J.-J. Guiffrey. Un fort volume sur papier vergé tiré à petit nombre, titre en deux couleurs. Prix, 12 fr.

— Nogent-le-Rotrou, imprimerie de A. Gouverneur.

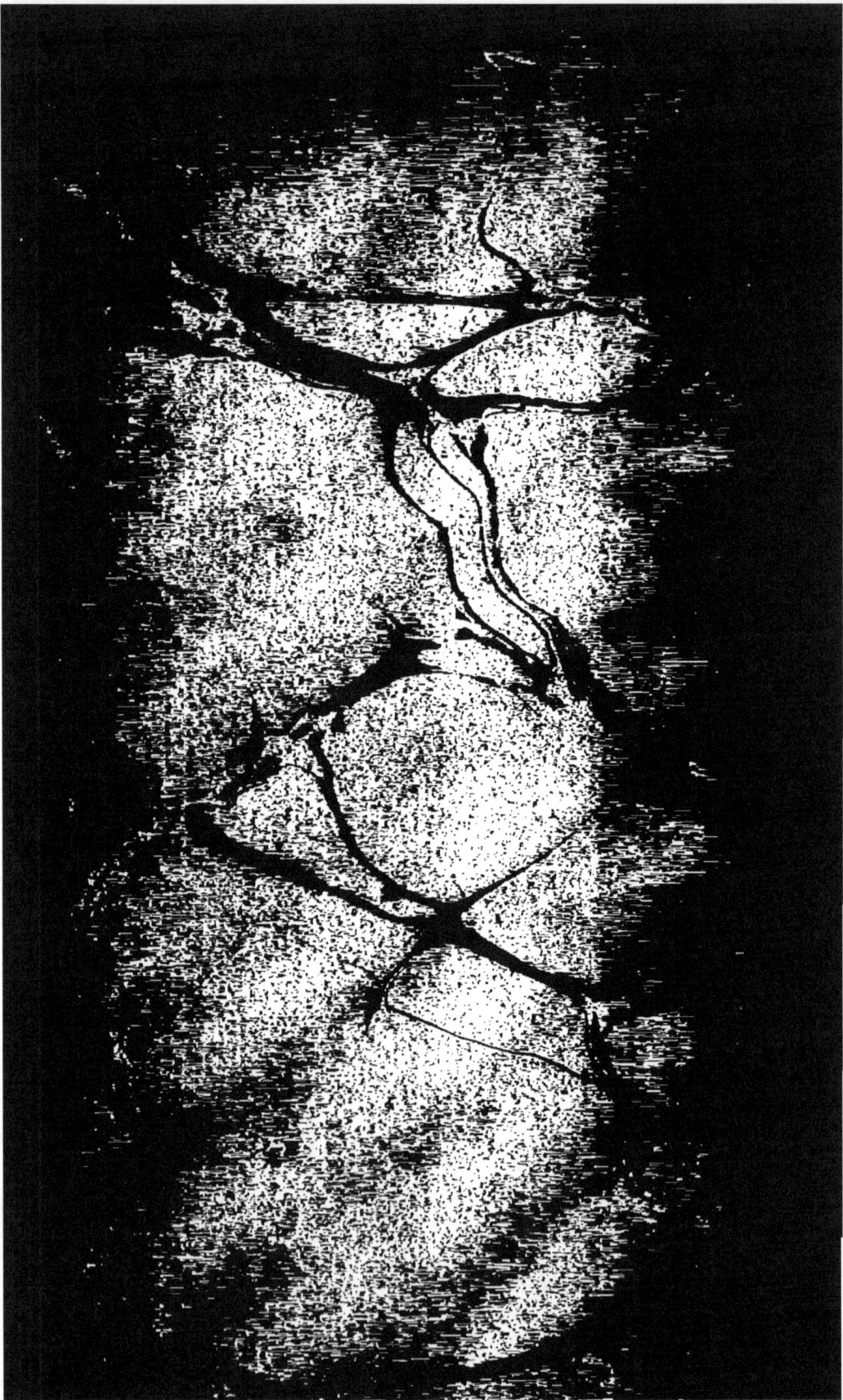

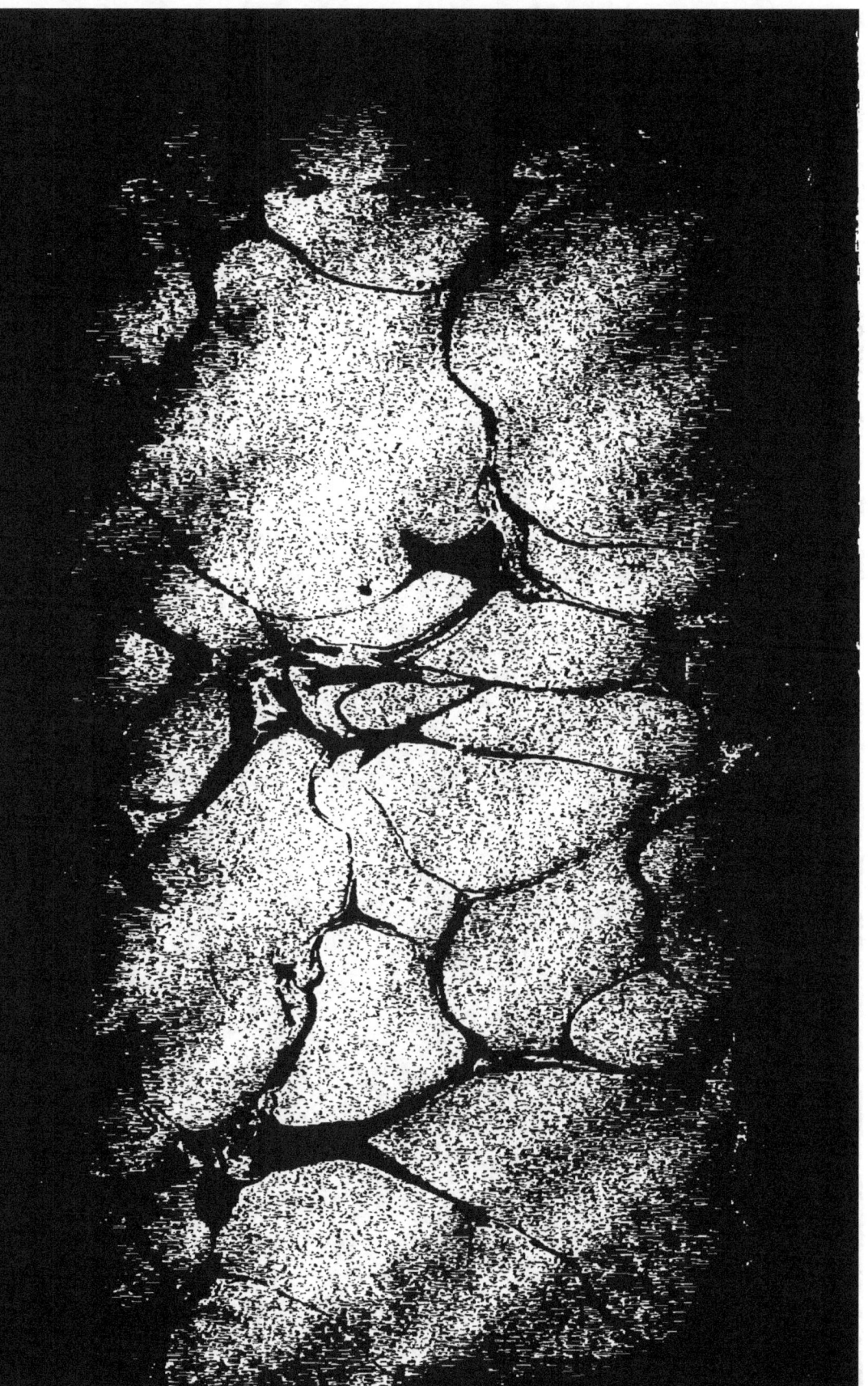

BIBLIOTHEQUE NATIONALE DE FRANCE

3 7531 03987384 0

www.ingramcontent.com/pod-product-compliance
Lightning Source LLC
Chambersburg PA
CBHW070206230526
45471CB00002B/843